farsi un'**idea**

64.

a Paolo,
perché la somma di tutte le somme
è una somma sola.

Un affettuoso ringraziamento a Marisa Spagnuolo, Jacopo Baseggio, Rosa Baroni e Daniela Riccardi per i loro saggi e spiritosi consigli.

Valentina D'Urso

ARRABBIARSI

il Mulino

La ricerca è stata in parte finanziata da fondi Murst 60% assegnati all'autrice.

I lettori che desiderano informarsi sui libri e sull'insieme delle attività della Società editrice il Mulino possono consultare il sito Internet: **www.mulino.it**

ISBN 88-15-08137-2

Indice

1. *Arrabbiarsi in cielo, in terra e in ogni luogo*

Cantami, o diva, del Pelide Achille,
l'*ira* funesta che infiniti addusse
lutti agli Achei, molte anzi tempo all'orco
generose travolse alme d'eroi
e di cani e di augelli orrido pasto
lor salme abbandonò (così di Giove l'alto
consiglio s'adempia). *Irato* al sire
destò quel dio nel campo un feral morbo,
e la gente perìa. Colpa d'Atride
che fece a Crise sacerdote oltraggio.
E qual de' Numi *inimicolli*? Il figlio
di Latona e di Giove, da quando
primamente disgiunse aspra contesa
il re dei prodi Atride e il divo Achille.

Omero, *Iliade* I, 1-14

Un discorso sulla rabbia non può che cominciare così. La prima parola del testo originale dell'*Iliade*, il poema che è madre e padre della letteratura europea, è proprio *ira* (in greco *menin*, all'accusativo). Una parola con un significato analogo a ira è *rabbia*, un termine meno frequente nel linguaggio scritto e molto usato nel parlato. In questo libro rabbia e ira verranno usate come sinonimi.

Rabbia, emozione eroica e divina

Come si vede dai termini che ho messo in corsivo la vicenda è tempestosa fin dall'inizio. Che cos'era successo? Il poema è costellato da arrabbiature solenni e da violente e travolgenti reazioni di vendetta. La guerra parte come la classica missione punitiva per lavare un'offesa altrettanto classica: la bella Elena, moglie del principe greco Menelao, era scappata con Paride, principe troiano (ma alcuni dicono rapita contro il suo volere). Menelao coinvolge tutto il suo paese in una spedizione armata contro Troia per riprendersi la moglie e vendicare l'oltraggio. La seconda arrabbiatura è quella del dio Apollo, il figlio di Latona e di Giove: un suo sacerdote di nome Crise era stato scacciato in malo modo dal campo dei Greci, dove era andato a riscattare con ricchi doni sua figlia Criseide, prigioniera degli Achei, affidata alla custodia personale del generale capo Atride, cioè Agamennone figlio di Atreo. Apollo dunque si vendica dell'affronto scatenando una terribile pestilenza. Per placare la rabbia del dio, lo stato maggiore greco costringe Agamennone a restituire la ragazza Criseide. Agamennone però pretende in cambio un'altra schiava e si impossessa della bellissima Briseide, che apparteneva ad Achille. Da qui l'«ira funesta»; infatti, dopo un violento litigio, Achille restituisce sì l'amata Briseide, ma è furibondo e decide di ritirarsi dalla guerra. La spedizione degli Achei resta quindi assai indebolita e rischia di perdere.

Fin qui i versi iniziali, che spiegano dove comincia l'azione, di cui si intravedono anche i retroscena. Le arrabbiature però non finiscono affatto. Sempre sull'onda di una reazione passionale, Achille tornerà a combattere accanto ai suoi compagni. Come mai? A un certo punto della guerra, il principe troiano Ettore uccide in combattimento Patroclo, l'amico del cuore di Achille. Per reazione, il dolore sommandosi all'ira, Achille passa sopra all'offesa ricevuta dai suoi compagni e ritorna sul campo di battaglia per vendicare Patroclo e in quel momento le sorti della guerra tornano a pendere a favore dei Greci. Insomma, l'esito della guerra di Troia si gioca sulle fatali arrabbiature dei suoi personaggi principali. È importante tenere presente che Achille, il vero protagonista della storia, aveva come appellativo «il magnanimo», cioè dall'animo grande. Nella cultura greca è dunque palese che arrabbiarsi per una causa giusta si addice ai nobili, ai grandi, ai potenti; chi lo fa dimostra di avere un animo coraggioso e generoso.

Questa storia che troviamo alle origini della poesia occidentale non è la sola a raccontare di una rabbia grandiosa nella sua rappresentazione e importante nelle sue conseguenze. Ricordiamo tutti ciò che è scritto nella Genesi, il primo libro della Bibbia. Dopo la disubbidienza di Adamo e di Eva, che nel Paradiso terrestre mangiano il frutto che era stato loro espressamente proibito, cosa fa Dio? Non li mette formalmente e burocraticamente alla porta, no, esplode in una vera scenata, l'indimenticabile «ira di Dio», diventata proverbiale. Dopo la scoperta del misfatto, si può leggere la lunga serie di maledizioni e punizioni scagliate contro il serpente, contro la donna e infine contro Adamo. Anche la terra intera viene coinvolta e chiamata «maledetta per causa tua». Alla fine Dio «cacciò l'uomo... e alla porta fece dimorare i cherubini e la fiamma della spada sfolgorante» (Genesi 1, 24).

Per millenni, attraverso tutte le forme di arte figurativa presenti nel nostro retaggio culturale, è rimasta viva e presente l'immagine e la nozione che l'ira di Dio, provocata dal peccato di Adamo ed Eva, ha avuto conseguenze funeste per tutto il genere umano. Questa scena primordiale è stata ripresa più volte nella pittura europea. Ricordo per tutti l'affresco del Masaccio nella cappella Brancacci a Firenze. Gli elementi più comuni sono: Adamo ed Eva che piangono coprendosi il viso per la vergogna, Dio in alto rosseggiante e fulminante, mentre l'angelo con la spada sguainata caccia i colpevoli fuori dalla porta.

Altre e gravissime sono le occasioni di ira divina. Nella Genesi, quando si descrive la causa del diluvio universale, si descrive proprio lo stato d'animo di Dio: «Allora Jahvé vide che la malvagità dell'uomo era grande sulla terra... si pentì di aver fatto l'uomo e si irritò nel suo cuore» (6, 5-6). Vi sono poi gli episodi, altrettanto noti, delle punizioni inflitte per i peccati di

Sodoma e Gomorra e per l'adorazione idolatra dell'agnello d'oro.

Non vi è alcun dubbio: il Dio dell'Antico Testamento è tremendo nell'ira della sua giustizia. Ma anche il Dio dei cristiani non scherza. Ad esempio, Dio è visto insieme come giudice e come figura dell'ira in uno dei più famosi inni liturgici, il *Dies irae* di Tomaso da Celano. Ecco come si presenta nella prima strofa il giorno del giudizio universale e finale (la traduzione dal latino è di Giovanni Papini):

> Ecco il giorno dell'ira
> Ora in favilla
> come attestò
> Davide e la Sibilla
> Il secolo si dissolve
> Nell'alta squilla.

La caratteristica giusta ira divina non è evidentemente tramontata, perché certo non si può attribuire una particolare durezza all'autore dell'inno, Tomaso da Celano, contemporaneo e biografo di San Francesco, il santo mite per antonomasia, che addolciva perfino il ferocissimo lupo. A riprova del fatto che non è solo la religiosità mitica o arcaica a contemplare una divinità suscettibile all'ira, leggiamo un altro testo rivelato, il Nuovo Testamento. Nel Vangelo di Matteo è Gesù, l'agnello di Dio, il mite per antonomasia, che si infuria per la profanazione del tempio e caccia fuori i mercanti, con dei comportamenti tipici della persona arrabbiata.

> E Gesù entrò nel tempio e scacciò tutti quelli che vendevano e compravano nel tempio, rovesciò i banchi dei cambiavalute e quelli dei venditori di colombe, dicendo loro: «Sta scritto, la mia casa sarà chiamata casa di preghiera, voialtri invece ne fate una spelonca di briganti» (Matteo 21, 12-13).

Nella cultura greca Zeus, il padre degli dei e re dell'Olimpo, è celebre per le sue arrabbiature e per i fulmini che lancia sulla terra contro i nemici. Una delle più antiche rappresentazioni di Zeus, che si trova a Dodoni, nei pressi di Ioannina, è una statuetta di bronzo nota come «Zeus folgoratore», che raffigura il dio nel gesto di scagliare dall'alto dell'Olimpo una folgore sulla terra. Nonostante fosse simboleggiato dalla folgore, Zeus, che è poi il Giove della mitologia romana, era però anche il magistrato supremo, il giudice inappellabile al quale ci si rivolgeva per ottenere giustizia. Il suo parere era infallibile ed egli risolveva le divergenze senza recare dispiacere a nessuna delle parti.

Anche Atena, che pure era la dea della saggezza, si adira non poco. Ad esempio, dopo la fine della guerra di Troia, sdegnata per l'orribile saccheggio della città sconfitta, fa scoppiare fra Menelao e Agamennone una lite che causa parecchi danni. Inoltre scatena una tempesta nella quale affondano molte navi dei guerrieri che tornavano nelle loro case. Durante la tempesta Atena, non sazia, dirige di persona un fulmine contro la nave di Aiace. Poseidone però si muove a compassione e salva Aiace. Ma che fa Aiace? Si vanta di essersi salvato nonostante il volere di una dea così potente come Atena. Non l'avesse mai fatto! Gli si rivolta contro l'ira del suo ex benefattore Poseidone che prontamente spacca con il suo tridente lo scoglio dove Aiace si era rifugiato e lo fa annegare.

Dunque, sia la religione e la mitologia della Grecia classica e della romanità, sia il cristianesimo presentano, contemplano e adorano figure divine che uniscono le qualità distintive di giustizia e di onnipotenza con la possibilità, direi quasi la necessità psicologica, di arrabbiarsi. Questa visione dell'ira è fortemente legata al senso di giustizia e alla violazione delle leggi: si tratta quindi di una reazione giusta alle ingiustizie altrui, il segno della ribellione contro i torti inflitti – sia che colpiscano se stessi o il proprio gruppo, sia che danneggino i deboli e i piccoli. D'altronde il connubio fra le offese morali e l'ira sembra essere vivo ancora oggi nella tradizione della Chiesa cattolica. Ad esempio, «la Repubblica» del 22 ottobre 2000 presenta la posizione delle gerarchie ecclesiastiche con questo titolo a quattro colonne: *L'ira vaticana contro la pedofilia.*

La rabbia è un'emozione motore di eventi

Abbiamo visto che una caratteristica dell'ira è quella di essere una passione potente, che fa succedere le cose. L'abbiamo identificata come «primo movente» di grandi narrazioni, come l'*Iliade* e la Genesi. La ritroviamo in un tempo storico più vicino a noi, all'inizio della vicenda narrata nell'*Orlando furioso* da Ludovico Ariosto. Ecco la prima ottava del poema.

> Le donne, i cavalier, l'arme, gli amori,
> le cortesie, l'audaci imprese io canto,
> che furo al tempo che passaro i Mori
> d'Africa il mar, e in Francia nocquer tanto,
> seguendo l'ira e i giovenil furori
> d'Agramante lor re, che si dié vanto
> di vendicar la morte di troiano
> sopra re Carlo imperator romano.

È davvero affascinante vedere che anche le vicende di Orlando, il furioso per antonomasia, prendano avvio da un'altra arrabbiatura e da una spedizione vendicativa, quella di Agramante.

Questo breve excursus suggerisce alcune considerazioni. Innanzitutto, l'ira e le sue conseguenze sono un ingrediente privilegiato nelle storie che hanno per secoli o millenni abitato la nostra cultura. Inoltre, le arrabbiature sono eventi emotivi che – per quanto sconvolgenti e spiacevoli, o forse proprio per questa ragione – fanno succedere le cose, mettono in moto una sequenza di fatti. Ancora si può dire che gli ascoltatori e i lettori considerano comprensibile, adeguato, giusto che si reagisca con rabbia e con azioni violente ai torti subiti. Infine gli ascoltatori e i lettori amano queste storie.

È impossibile sapere se narrazioni che seguono tale schema abbiano confermato o rafforzato una struttura mentale e un modo di sentire preesistente. Sta di fatto che, secondo gli antropologi, in moltissime delle culture conosciute si ritrovano storie analoghe. È infatti ricchissimo il repertorio di figure eroiche e di avventure appassionanti che si muovono sospinte dall'energia prodotta dall'ira, documentate nelle rappresentazioni, nei miti e nella letteratura mondiale. Una sola differenza sembra emergere dagli studi comparativi delle arti: questo tipo di narrazione sembra più frequente fra i popoli di origine nomade piuttosto che fra i popoli sedentari e dediti all'agricoltura.

Uniamo il passato col presente, il fantastico con la nostra realtà quotidiana. Abbiamo visto che nei miti e nella letteratura sacra e profana la rabbia insorge come reazione a un'ingiustizia, come mossa vendicativa di un torto subito. Secondo la posizione classica della psicologia, la rabbia è la principale conseguenza di una frustrazione. Può trattarsi di una frustrazione infantile e primitiva, che per il bambino piccolo può essere l'abbandono o la sottrazione del suo giocattolo, oppure di una frustrazione più adulta e sofisticata, come quella dello scienziato che, per esempio, non vede il suo lavoro citato fra quelli migliori della sua disciplina.

Quando ci si arrabbia si è emozionati. Quando si è emozionati sentiamo che una parte essenziale delle nostre sensazioni sono subìte, sono necessarie e violente, sono imposte dagli eventi e dal nostro corpo su di noi. Nel termine *passione*, che un tempo veniva usato più spesso della parola emozione, è molto evidente questo senso di passività, di essere in balìa di qualcosa dentro di noi che si subisce, che può farci paura, rattristarci o anche renderci felici.

Una caratteristica delle emozioni è di essere provocate o

iniziate da stimoli che vengono elaborati e interpretati dalla mente, e in generale da eventi esterni, diversamente dagli stati d'animo che sono vissuti come stati mentali prodotti in modo autonomo. Analogamente, secondo la psicologia scientifica, ma anche per il senso comune, la molla delle azioni viene collocata all'interno dell'individuo, mentre le passioni o emozioni hanno piuttosto la loro miccia negli eventi esterni.

Abbiamo visto che per l'ira molti possono essere i motivi scatenanti: può trattarsi di rabbia vissuta come reazione contro l'ingiustizia o di rabbia che insorge per una frustrazione subita, oltre alle innumerevoli circostanze in cui coesistono entrambe le motivazioni. La diversità delle cause non sempre provoca differenze nelle reazioni e neppure l'intensità delle reazioni è strettamente commisurata alla serietà delle cause. Talvolta eventi quasi insignificanti possono scatenare la rabbia più vistosa.

Quando ci arrabbiamo il nostro stato d'animo cambia, il nostro corpo cambia, la nostra faccia, la nostra voce, la nostra postura si modificano in modo caratteristico e inconfondibile. Il messaggio che manda una persona arrabbiata è compreso immediatamente nelle diverse parti del mondo ed è rimasto fondamentalmente immutato nelle diverse epoche. Così com'è rimasto essenzialmente contraddittorio il significato e il valore della rabbia.

Nei primi paragrafi abbiamo mostrato gli aspetti dinamici e fattivi della rabbia, potremmo dire i suoi aspetti positivi. Ma le voci che nella nostra cultura si levano contro la rabbia sono altrettanto, se non ancora di più, forti e numerose. A cominciare dalla religione cristiana, che mette l'ira fra i sette vizi capitali e la raffigura, nell'iconografia tradizionale, come una donna dal viso deformato da una smorfia che si lacera la veste e mostra il petto nudo.

In epoca romana classica la deprecazione dell'ira è rappresentata dettagliatamente e in modo convincente dall'opera *De ira* del filosofo Lucio Anneo Seneca. Questo trattato, scritto circa duemila anni fa, è un manifesto completo e appassionato contro una passione definita «la più turpe». Per lui, non vi è alcuna ingiustizia che possa giustificarla, né livelli di mitezza che la rendano accettabile, né vantaggi concreti che la giustifichino; a suo giudizio «nessun malanno costò di più all'umanità». Tutta la filosofia stoica, come anche quella epicurea, condanna le passioni che riducono gli uomini in schiavitù. Per continuare con le parole di Seneca: «Le passioni sono funeste, sia quando fanno da serve sia quando comandano». La peggior nemica della tranquillità dell'animo è la paura della morte, ma poi è da rifuggire l'ira, perché priva l'uomo della ragione, dunque di ciò che costituisce il segno della superiorità dell'uomo sugli animali, l'essenza della sua dignità.

Anche i trattati sapienziali che si susseguono lungo tutto il Medioevo sono concordi nel biasimare la rabbia. Citiamo come esempio un precetto tratto da uno di essi, chiamato *Corona de' Monaci*: «L'iracundia è da mitigare, la quale prima corrompe colui che nuoce che chi è nociuto».

Che arrabbiarsi faccia male a chi si arrabbia, senza che in fondo possa poi ricavarne granché, è l'argomento principale di molti pensatori, da Michel de Montaigne a Blaise Pascal, da Wolfgang Goethe a Bertrand Russell, per restare nell'ambito della cultura occidentale.

Arriviamo con un salto al presente, ad autori meno illustri. Ad esempio, la terapia contro la rabbia è il tema de *Il piccolo libro della calma* di Paul Wilson. Questo è un libretto di poche pagine, con pochi suggerimenti di semplice buon senso su come mantenere la calma, eppure è stato venduto in decine di migliaia di esemplari in molti paesi e per più di un anno. Un fatto questo che conferma quanto la gestione della rabbia sia un tema considerato importante, non solo da psicologi, filosofi o moralisti, ma anche dalla gente comune.

Da quanto detto fin qui, è evidente che ci troviamo di fronte al problema serio della discrepanza, anzi della contrapposizione, fra una concezione eroica e giustizialista dell'ira – quella di Achille per intenderci – e quella stoica e cristiana, secondo la quale l'ira è un vizio, un peccato, una follia disumanizzante. Ma il conflitto è più profondo, perché le due posizioni si alternano e coesistono nella stessa cultura come nella stessa persona. Arrabbiarsi è uno stato mentale di conflitto con il mondo esterno e con se stessi: è prevedibile quindi che susciti opinioni forti e contrastanti.

Perché temiamo la nostra ira? Lo sappiamo tutti fin troppo bene. Quando ci arrabbiamo sentiamo dentro un ribollire, un impulso irrefrenabile, una spinta violenta e cieca. Sembra che la rabbia ci carichi di energia, di certezze, di decisione, di coraggio – stiamo male, ma crediamo di sapere bene cosa ci farebbe star meglio: vendicarci, ripagare o raddrizzare i torti subiti, fargliela pagare, metterlo a posto, farlo smettere, cantargliene quattro, fargliela vedere. Veniamo presi da un vortice che ci sbatte, che ci costringe ad agire, una specie di possessione che ci fa perdere la vista, da lontano ma anche da vicino. Non è uno stato di trance o di sonnambulismo innocuo e mite, è come entrare in una battaglia con armi letali, che però controlliamo poco e maneggiamo con difficoltà, armi senza la sicura che sparano quasi da sole, rivolte non solo verso il nostro nemico, ma un po' contro tutti. In questo stato di belligeranza nel quale sentiamo di non essere più padroni delle nostre azioni, sappiamo di poter fare delle cose spaventose e terribili e proprio di questo abbiamo paura. Per dirla con le parole che Cesare Pavese scrive in *Il mestiere di vivere*: «Si accumula rabbia, umiliazioni, ferocie, angosce, pianti, frenesie e alla fine ci si trova un cancro, una nefrite, un diabete, una sclerosi che ci annienta».

La duplicità del vissuto e degli effetti della rabbia è ben rappresentata dalle Furie, le divinità greche che personificavano la collera dalla quale vengono molti termini di uso comune. Le Furie, o Erinni, erano entità divine tenebrose e implacabili dell'oltretomba, che muovevano all'ira e alla vendetta e si precipitavano là dove scorreva il sangue. Nelle frequenti metamorfosi della mitologia classica diventano poi le Eumenidi dal viso benevolo, protettrici delle piante e dei frutti. Questa metamorfosi, come molte altre, simboleggia una duplicità, ci dice che dentro ogni persona rabbiosa ce n'è una calma, una che si è arrabbiata perché le sue aspettative sono state deluse, le sue gentilezze e premure male accolte, travisate o deformate. Naturalmente è vero anche il contrario, cioè ogni Eumenide, ogni essere pacifico può diventare una Furia. Furie ed Eumenidi sono le due sembianze di una figura reversibile. Similmente noi sentiamo nel profondo che arrabbiarsi può essere necessario e giusto, ma anche sbagliato e dannoso.

Comunque la si valuti, tutti, sapienti e ingenui, riconoscono che arrabbiarsi è una reazione assai diffusa. Già nella filosofia platonica le tre facoltà dell'anima erano: razionale, concupiscibile e irascibile. L'irascibile, che aveva sede nel cuore, era quella che portava a sdegnarsi per il Male e per l'ingiustizia, e a lottare per conseguire i fini proposti dalla ragione. Aristotele ha poi sintetizzato la questione così:

> Chiunque può arrabbiarsi – è facile... ma arrabbiarsi con la persona giusta, in giusto grado, nel modo giusto, nel momento giusto e per la giusta causa – questo non è da tutti, e non è facile (*Etica nicomachea* 1109 a 5).

James Averill, lo psicologo inglese che negli anni '80 ha scritto il più bel libro sulla rabbia, pensa che quando una persona si arrabbia entra in un *ruolo sociale transitorio*, cioè impersona l'arrabbiato secondo il copione che la società in cui vive gli ha suggerito. A suo giudizio, l'ambiente e il contatto con gli altri sono elementi decisivi nel formarsi della persona e in special modo le norme sociali hanno un gran peso nel determinare i sentimenti che si provano, il loro insorgere, la loro intensità, la loro manifestazione. Non si può dire che la rabbia sia appresa dall'ambiente. Tuttavia si può affermare che una persona adulta e adattata al contesto in cui vive si arrabbierà quando subisce un'azione che nel suo ambiente viene considerata un torto, e in seguito mostrerà di essere arrabbiata o reagirà con azioni violente nel modo in cui gli altri si aspettano e come ha visto fare ad altri. Questa è la tesi della costruzione sociale delle emozioni, secondo la quale l'ambiente con le sue norme esplicite, ma soprattutto con quelle implicite, modella il nostro modo di sentire. È una posizione molto forte, ma ben documentata per quanto riguarda molti stati emotivi. Basti pensare a come in pochi decenni sia cambiata la gelosia nei paesi mediterranei, dove dal delitto d'onore si è passati a un modello di emozione più controllata, di stampo prevalentemente nordeuropeo, oppure all'affievolirsi dei sentimenti di tristezza per la perdita delle persone care e alla riduzione dei rituali del lutto, che hanno assunto modalità simili a quelle statunitensi.

Il riferimento ai miti, alla religione e alla letteratura classica mi è necessario per collocare la psicologia della rabbia in un contesto culturale. La mitologia è l'arte di raccontare storie sugli dei, ovvero su personaggi simbolici attorno ai quali si condensano le grandi favole dell'umanità. Le religioni, rivelate attraverso le scritture e illustrate dall'arte sacra, sono un altro veicolo per sviluppare e trasmettere idee forti, profonde, commoventi e pervasive. La letteratura infine è la forma più adatta a rappresentare dei personaggi che agitano passioni, rappresentano idee, suscitano e risolvono conflitti. Miti, religione e letteratura concorrono a intrecciare un viluppo di ramificazioni emotive e concettuali: questo vale anche per la rabbia.

Le citazioni con cui abbiamo iniziato non sono dei semplici riferimenti eruditi, ma piuttosto gli elementi, ritrovati nell'immaginario comune e portati alla luce, sui quali è costruita la nostra grammatica della rabbia. Che cosa significa «grammatica»? Significa che noi apprendiamo dagli esempi e dalle opinioni espresse quando è corretto arrabbiarsi, come arrabbiarsi, con chi manifestare la rabbia, quando è sbagliata e ingiusta, quando invece è sacrosanta.

A mio giudizio, miti, religione e letteratura, insieme con il linguaggio che parliamo, costituiscono il sillabario della nostra «educazione sentimentale», come ha detto Flaubert. Oggi gli psicologi parlano di *competenza emotiva*, un insieme di capacità che vanno dall'introspezione – in questo caso la capacità di riconoscere i propri sentimenti – alla comprensione dei sentimenti altrui, alla capacità di modulare l'emozione secondo le circostanze, alle abilità espressive e comunicative dei vissuti emotivi. Ad esempio: quando, come e con chi ci si arrabbia più spesso? Rispondere a domande di questo tipo equivale a tracciare le regole della grammatica emotiva di un'epoca e di un paese. La grammatica emotiva è dunque l'insieme delle regole che caratterizzano il modo di sentire e di manifestare un'emozione, mentre la competenza emotiva è la capacità, che varia da individuo a individuo, di seguire tali regole.

A differenza di molte competenze intellettuali e pratiche – come quelle che si usano nella lettura, nel far di conto o nell'imparare le lingue straniere – i sentimenti sono considerati quanto di più personale e spontaneo si possa immaginare. Se ci si chiede quanto di innato e quanto di acquisito vi sia nella nostra vita mentale, si pensa comunemente che nell'esperienza delle nostre emozioni più forti, come l'odio e l'amore, la paura e la rabbia, vi sia molto di innato. Questa convinzione deriva in parte dalla forza di alcuni stati emotivi ai quali la persona sente di non poter resistere. Questo potere viene attribuito a una forza oscura, chiamata istinto, natura, o carattere.

C'è un'altra circostanza che mette in ombra il ruolo e il peso dell'apprendimento: il modo in cui nel tempo la rabbia va a far parte della nostra personalità. Ciò dipende dal fatto che raramente o mai i sentimenti vengono insegnati formalmente, anche se fin dalla nascita un bambino – e ancora più una bambina – viene sottoposto a un corso intensivo di addestramento alle emozioni. Vi stupisce? Eppure pensate a quante volte i sentimenti e le emozioni vengono suggeriti o imposti, anche sotto forma di regole di buona educazione o di aspettative di genere: «di' grazie», «un bambino buono non risponde male alla mamma», «un bambino grande non piange», «sei triste, vero, perché la nonna se n'è andata?», «sei contento che adesso hai un fratellino?». Il catalogo degli inviti è ricco e viene usato in modo incessante. Per convincersi che le emozioni si insegnano anche senza libri di testo basta pensare che quasi tutte le manifestazioni emotive sono etichettate come «buone» – cioè accettate – o «non buone» – da evitare o da nascondere.

Rabbia e aggressività

Abbiamo parlato del viso forte e del viso maligno della rabbia, del suo aspetto istintivo e di quello appreso. Prendiamo ora in considerazione una differenza fra due concetti che si trovano spesso insieme: la rabbia e l'aggressività. Come stanno le cose? I due termini sono sinonimi, hanno molto in comune, o sono due concetti radicalmente diversi?

L'aggressività è un termine entrato abbastanza di recente nel linguaggio comune; viene dal verbo «aggredire» ed è stato introdotto in ambito psicologico per indicare non solo le aggressioni fisiche, ma anche altri comportamenti ostili, come gridare, insultare qualcuno, essere freddi e scostanti, ecc. Arrabbiarsi può costituire un modo di essere aggressivi, ma le cose non stanno sempre così. Rabbia e aggressività non hanno le stesse cause, non necessariamente hanno gli stessi effetti, né assumono le stesse forme di comportamento. Abbiamo già visto che il modo di arrabbiarsi può cambiare anche molto, perché arrabbiarsi è come parlare un linguaggio che segue la sua particolare grammatica, modellata dall'ambiente. Ciò che invece è da considerare innato è l'istinto aggressivo. Si tratta di una dotazione specifica di impulsi all'azione e di risposte fisiologiche – principalmente nervose e ormonali – che inducono modificazioni visibili e tipiche nell'espressione e nei comportamenti.

Cosa si intende per aggressività innata e specifica, cioè propria della nostra specie? Si intende l'attrezzatura fisica e cognitiva che induce, senza l'intervento della ragione e della progettazione cosciente, a reagire in modo difensivo e aggressivo contro la minaccia di un attacco alla nostra persona, di un'invasione del nostro territorio, di sottrazione di un bene. Questo istinto è radicato nell'uomo perché è assolutamente fondamentale alla sopravvivenza dell'individuo e della specie, né più né meno che l'istinto sessuale e i bisogni primari della fame, della sete e del sonno. La rabbia può essere la faccia soggettiva e spettacolare dell'aggressività, ma non si identifica con l'aggressività. Abbiamo infatti azioni aggressive depurate dalla rabbia e azioni rabbiose che non si possono dire aggressive.

Marcello vorrebbe sostituire il collega Matteo nella funzione di archivista. Ogni volta che ne ha la possibilità, senza essere visto, mette in disordine le cartelle, butta perfino qualche documento rilevante che sarà necessario consultare nei giorni successivi. Così facendo pensa – e a ragione – che Matteo farà una pessima figura, sarà probabilmente mal giudicato dal capufficio e non è escluso che gli venga tolto quell'incarico. Si spera per darlo a lui.

Questa è invece un'altra situazione.

Angela sta guidando di sera in una strada poco illuminata. A un certo punto sente la macchina che procede in modo irregolare, come se il fondo stradale fosse diventato sassoso. Poi la macchina sbanda un poco e si sente che fatica a tenere la traiettoria. Angela si rende conto che una ruota è forata. Frena e dà due, tre pugni sul volante, mentre le scappano alcune parolacce.

Penso che il primo sia un caso di comportamento aggressivo, senza rabbia, freddo ed efficace. Nella nostra legislazione, come in quella di molti altri paesi, la freddezza e la premeditazione sono calcolate come aggravanti di un reato accertato. Nel secondo caso, la frustrazione crea rabbia, che però è incanalata e manifestata con gesti e parole assolutamente inefficaci, non percepibili agli altri. Non c'è vera aggressività, ve ne sono solo i segni svuotati del loro significato.

Una caratteristica che accomuna rabbia e aggressività è l'emozione che suscitano negli altri. Infatti, sia l'aggressività che la rabbia, quando vengono percepite, hanno l'effetto di provocare danno e paura. Quando ci arrabbiamo con qualcuno che ci sta di fronte diventiamo immediatamente temibili, perché la rabbia è un'emozione percepibile. Diventiamo quindi fonte di paura e di ansia, per la difficoltà di prevedere quanto sarà pericoloso il nostro agire potenziato dalla rabbia. Talora incutiamo spavento prima di tutto a noi stessi, perché neppure noi conosciamo l'esito delle nostre azioni e delle reazioni che queste possono suscitare. Parimenti l'aggressività, anche quella più fredda e ponderata, porta sgomento e timore, perché sapere di potere essere odiati suscita sensi di colpa, ci fa dubitare di noi stessi, non ci fa camminare sereni nel buio.

In definitiva, mentre quando ci si arrabbia si è sempre emozionati, la persona aggressiva può vivere per la maggior parte del suo tempo in uno stato non emotivo. Inoltre, prodotti dell'aggressività, come ad esempio il sarcasmo, il risentimento, il disprezzo e l'odio, possono durare assai a lungo, mesi, ma anche anni, mentre una qualità che viene riconosciuta alle emozioni è la loro durata limitata. L'odio, ad esempio, è un tipico stato mentale di lunga durata, che può assorbire tutte le energie di una persona e che, a differenza delle emozioni, non viene necessariamente suscitato da un evento o da un'azione specifica.

Aristotele ha scritto su questi due stati emotivi nell'*Etica nicomachea*: a suo giudizio, mentre l'odio spinge a compiere azioni distruttive verso la persona odiata, la rabbia induce a determinare una sofferenza nell'altro. Inoltre, l'uomo che prova rabbia sarebbe irrazionale, mentre l'uomo che odia non lo è, indipendentemente dal fatto che, nelle circostanze date, l'odio abbia o meno un fondamento razionale. Altri sentimenti negativi, come il rancore, il risentimento o l'antipatia condividono la tonalità emotiva della rabbia, ma sono più stabili nel tempo, possono avere molta più carica aggressiva, ma non hanno la freschezza del coinvolgimento, anche fisico, provato da chi si arrabbia.

In questo libro ci concentreremo dunque sull'esperienza emotiva della rabbia, considerandola come un processo che ha un inizio, un decorso e una fine. Parleremo quasi esclusivamente delle arrabbiature frequenti e comuni, perché sono queste che ci interessano di più e su cui si possono dare notizie più attendibili.

Nel prossimo capitolo parleremo delle parole che descrivono e raccontano la rabbia. Faremo un elenco ragionato delle espressioni, modi di dire, metafore e proverbi che hanno spiegato e anche formato l'esperienza di arrabbiarsi. A mio giudizio, infatti, la lingua è una preziosa fonte di intuizioni psicologiche che devono poi essere verificate, ma anche un mezzo che ci aiuta a capire e spiegare come pensiamo e sentiamo le nostre esperienze e perché le viviamo.

Continueremo poi il discorso esaminando le parti essenziali della grammatica della rabbia, soffermandoci su alcuni aspetti fondamentali: chi, quando, dove, perché e, soprattutto, di cosa si tratta. I capitoli seguenti affronteranno dunque questi temi essenziali: nel capitolo 3 si vedrà quali sono le più comuni cause della rabbia, con chi ci si arrabbia e per quali ragioni; nel capitolo 4 si descriverà come appare la persona arrabbiata, qual è il suo modo di sentire, di pensare e di comportarsi; nel capitolo 5 si dirà quali sono gli effetti e la funzione della rabbia; nel capitolo 6 si affronterà il tema della rabbia e dell'aggressività nello sport, un fenomeno di grande interesse, sul quale ci sono molte ricerche e molte discussioni ancora aperte. Il libro si concluderà con un capitolo dove verranno presentati alcuni dei più diffusi e attendibili test psicologici che misurano sia la propensione ad arrabbiarsi, sia lo stato di irritazione di un individuo in un dato momento. Infine si accennerà ad alcune strategie ed esercizi messi a punto per imparare ad arrabbiarsi di meno – se è questo che si vuole, naturalmente.

2. *Il linguaggio della rabbia*

> Bertoldino impronta il mostaccio al sartore con un castagnaccio, ed essendo tutto colerico dice: «Oh, ti il cancaro, porcaccio! Mira come tu m'hai concio il mostaccio. Ohibò, possi tu crepare!».
>
> Giulio Cesare Croce, *Bertoldo, Bertoldino e Cacasenno*

Rabbia è una parola che, come molte altre, racchiude una gamma di significati diversi, che possono variare secondo il contesto, da persona a persona e nel corso del tempo. Nel *Grande dizionario della lingua italiana* di Salvatore Battaglia la prima definizione del termine *rabbia* è:

> Malattia virale che colpisce tutti i mammiferi terrestri, e in particolare il cane; provoca encefalite letale, si contrae dal morso di un animale ammalato. Il decorso si articola in un periodo di incubazione di 3-6 settimane; un periodo iniziale di astenia e cefalea e insonnia è seguito da un periodo convulsivo con febbre, vomito, idrofobia, spasmi che si conclude con la morte.

A questo significato medico seguono poi le numerosissime accezioni non più mediche, ma emozionali, con una miriade di sfumature e di usi contestuali diversi. La rabbia dunque ha un'origine animale e patologica, ma viene provata dagli esseri umani sani. Anzi è attribuita soprattutto agli esseri umani sani. L'esperienza della rabbia è così pregnante che «rabbioso» e «arrabbiato» sono termini usati anche in senso figurato come rafforzativo, per significare accanito, tenace, passionale (per esempio: «fame rabbiosa» in Dante, «sete rabbiosa» in Francesco Petrarca, mentre Giovanni Papini parla dell'«enciclopedico arrabbiato» e Gabriele Baldini di un «giocatore arrabbiato», nel senso di instancabile).

Il doppio significato di malattia spaventosa e mortale e di emozione a volte feroce e dannosa resta comunque radicato nel sentire comune, anche perché questo legame viene continuamente rievocato e rafforzato dalla somiglianza delle manifestazioni espressive, fra la rabbia come malattia virale e l'arrabbiatura come emozione quotidiana.

Le parole e le emozioni

Nell'italiano corrente le parole che si riferiscono a stati emotivi sono circa un migliaio. Esse definiscono concetti complessi e sfumati e vengono usate in modo piuttosto soggettivo e variabile. La duttilità nell'uso dei termini emotivi dipende principalmente da due fattori. Innanzitutto gli stati psicologici sono influenzati dal contesto comunicativo e dall'occasione sociale: dunque si può usare la stessa parola in situazioni diverse. Ad esempio, si può dire a un'amica «ti odio» con espressione scherzosa e ottenere in cambio un sorriso, così come la cortesia più gelida può trasmettere, quella sì, un sentimento assai vicino all'odio. In secondo luogo, il linguaggio delle emozioni è modellato da chi parla e da chi ascolta. Le parole emotive cambiano di significato e di frequenza a seconda che a parlare sia un bambino o un adulto, una donna o un uomo, un dipendente o un dirigente. Un uomo, ad esempio, usa più spesso di una donna parole grosse e bestemmie; una donna è più loquace e usa molte più espressioni di affetto e di tenerezza rivolgendosi a dei bambini. Per restare nel nostro ambito, parlando di una persona che si arrabbia spesso, un bambino può chiamarla «cattiva», mentre un adulto colto la definisce «irascibile».

L'uso dei termini emotivi cambia a seconda dell'oggetto del

discorso. Una donna in collera viene apostrofata «megera», per un uomo si dice piuttosto che è «furibondo»; un dipendente sarà bollato come «insubordinato» dal suo capo, il quale invece dirà che la propria rabbia era «sacrosanta». Certi termini e certi usi poi ricorrono solo con gli intimi, altri prevalentemente in situazioni formali, altri ancora sono specializzati e frequenti in determinate situazioni. Ad esempio, per raccontare di un contrasto fra automobilisti si può dire che è andato avanti «a colpi di clacson».

Fin qui abbiamo detto che le persone e le circostanze influenzano il parlare delle emozioni. È anche vero però che le parole emozionali di una lingua possono a loro volta incidere sul modo di sentire e di pensare le emozioni stesse. Come sostiene la teoria della costruzione sociale delle emozioni, insieme all'educazione formale e all'esempio sociale, la lingua parlata da una comunità non solo informa il comune sentire, ma contribuisce a creare la *teoria popolare* (o *teoria ingenua*) in ogni campo, e specialmente nel campo dei concetti che si riferiscono agli stati emotivi. Le molte ricerche in questo ambito hanno mostrato come ogni singolo stato emotivo sia organizzato attorno al concetto stesso di quella data emozione, che a sua volta è rappresentato da un insieme di parole, dalla conoscenza delle situazioni che producono l'emozione e infine dalla previsione delle reazioni altrui che probabilmente ne seguiranno.

Alcuni considerano la rappresentazione concettuale della vita emotiva e delle singole emozioni come una sorta di teoria ingenua che non viene mai del tutto esplicitata, che impariamo dalla cultura in cui viviamo e che regola il nostro vissuto emotivo e il nostro comportamento. Attenzione però: non tutte le teorie ingenue hanno la stessa importanza. Le teorie che hanno per oggetto la fisica o l'astronomia, giuste o sbagliate che siano, non hanno nessuna influenza sulla realtà fisica o astronomica. Le nostre teorie ingenue sulla mente, sul comportamento e sulle emozioni influenzano invece moltissimo quello che effettivamente sentiamo e facciamo. Se, ad esempio, la mia personale teoria delle emozioni è che si dorme bene quando si è soddisfatti del proprio lavoro, allora dopo aver studiato fino all'alba è probabile che possa godere di un sonno tranquillo.

In considerazione di quanto detto finora, ho trovato utile prestare attenzione alle espressioni linguistiche connesse alla rabbia, perché sono convinta che la lingua intervenga in modo magistrale nel forgiare e nello svelare ciò che si pensa e si sente più comunemente. È un fatto ben noto che nella lingua degli eschimesi vi siano più termini per definire la neve che non in lingua araba, dove sono più numerosi i termini per descrivere i colori del deserto. Fin qui non ci sarebbe molto di strano, né di rilevante dal punto di vista psicologico: poiché la lingua serve a comunicare con gli altri e a organizzare molti dei propri pensieri, è una conseguenza ovvia che il lessico vari a seconda dell'ambiente nel quale si vive e delle attività più comuni che si svolgono. Si potrebbe pensare che la differenza che esiste fra il lessico di un agronomo e quello di una biologa potrebbe non cambiare il loro modo di pensare, se non per il fatto di avere una diversa abilità di descrivere e classificare il mondo esterno. Invece, non solo il lessico di un agronomo include un maggior numero di parole relative al mondo vegetale, quale potrebbe essere ad esempio la tassonomia vegetale di Linneo, così come in quello di una biologa sono incorporate nozioni specialistiche, come ad esempio l'appartenenza di una pianta a una determinata famiglia vegetale. In realtà la lingua, oltre ai nomi, trasporta e nutre i concetti e trasporta un'ampia rete di conoscenze.

Nel parlare di stati mentali, e in particolare di emozioni, la lingua dà la possibilità di etichettare il vissuto secondo dimensioni che possono comprendere l'intensità dell'emozione, la sua durata, il grado di piacevolezza/spiacevolezza, la sua ambiguità ecc. Questi diversi nomi facilitano la comprensione dei propri stati psicologici, che diventano più precisi e differenziati.

Anche il patrimonio di frasi fatte, proverbi, metafore e altre figure retoriche sono forme che modellano il discorso interno e la comunicazione interpersonale, forse in modo ancor più profondo della ricchezza di parole di cui ciascuno dispone.

Una raccolta differenziata

Per seguire questa pista investigativa fra le parole della rabbia, ho raccolto più di un migliaio di espressioni della lingua scritta e parlata, senza trascurare idiomi, detti, metafore e forme proverbiali. Per le espressioni della lingua scritta e informale ho chiesto a diverse centinaia di persone, maschi e femmine di età compresa dai 13 ai 72 anni, di elencare frasi comuni che si riferivano alla rabbia, sia per descrivere gli stati d'animo, che i comportamenti. Altre espressioni scritte sono state prese da periodici e da testi della letteratura italiana. Le espressioni orali sono state trascritte da registrazioni di conversazioni informali e da trasmissioni radiotelevisive che facevano parlare gli ascoltatori. Non era comunque mia intenzione compiere un'indagine completa sul piano linguistico, ma piuttosto raccogliere i discorsi comuni sulla rabbia, dai quali poter distillare i modi più diffusi di sentire e di pensare.

Lo spettro è piuttosto ampio. Con le parole della rabbia si fa di tutto: si descrive, si allude, si prescrive, si mette in guardia, si consiglia, si prevede, e così via. Inoltre, dall'insieme dei termini raccolti, viene fuori il modo in cui la lingua gira attorno alla rabbia, esprimendola, ma anche precisandola. Ogni espressione che elenco qui è stata menzionata da almeno due persone, anche se con minime differenze di forma. Ho quindi preparato una raccolta differenziata di buona parte di questo materiale e, usandola come un insieme di elementi indiziari, ho cercato di ricostruire quali forme e quali contenuti sono presenti nel concetto collettivo della rabbia.

Espressioni che personificano la rabbia. La nostra lingua, dando un nome a stati d'animo e a emozioni, induce facilmente a rappresentarli come entità dotate di autonomia e poteri propri. Le persone dunque parlano della rabbia come di un agente che, quasi *motu proprio*, nasce, assale in vari modi la sua vittima, talvolta recede, e sempre in modo autonomo. D'altronde nella nostra cultura figurativa le passioni e gli stati d'animo, così come vizi, virtù e altri concetti rilevanti, hanno quasi sempre avuto una faccia e una gestualità tipici. La personificazione è dunque comune per le emozioni vissute culturalmente come «passioni», cioè entità potenti aventi origine in parte fisiologica e in parte oscura, i cui effetti si impongono sui «pazienti». La personificazione delle emozioni persuade ad accettarne gli effetti – stati d'animo e comportamenti – come se fossero irresistibili: «mi sono innamorato», «mi fa paura», «mi fa schifo». La conseguenza psicologica di queste frasi è: «non ci posso far niente». In particolare la personificazione della rabbia è caratterizzata da grande forza, anzi da una forza superiore a quella di chi prova l'emozione, come si può vedere dalle espressioni che seguono: «la rabbia prese il sopravvento», «la rabbia mi assalì», «lottavo contro la rabbia». La personificazione si mantiene anche quando la persona sente che l'emozione si attenua, perché la lingua «dice» che l'io – identificato con la parte razionale, con il domatore – è riuscito ad avere la meglio sulla rabbia, la parte estranea e passionale, la bestia da domare. Ecco alcuni esempi: «gestire la rabbia», «controllare la rabbia», «tenne sotto controllo la spinta dell'ira».

Energia. Nella mia raccolta le espressioni che fanno riferimento all'energia sono molto frequenti, anche se non vi è una grande varietà di immagini. In queste sono raffigurati gli effetti adrenalinici di espansione, attività, forza: «ha incanalato la sua rabbia in una reazione costruttiva», «la rabbia accumulata lo spinse ad agire». In questo gruppo metterei anche espressioni come «a furor di popolo», che esprime l'energia collettiva, e «animoso», come descrizione di un atteggiamento ostile, termine che linguisticamente appare contiguo all'attività dell'animo.

Eventi meteorologici: «la sua faccia si era rannuvolata», «di umore burrascoso», «"esci da qui!" tuonò il professore». Ci sono in questo campo delle metafore inverse, o di ritorno come «la rabbia del vento» e «una tormenta di neve infuriava sulla montagna».

Dinamica dei gas che, aumentando di pressione, può arrivare fino allo scoppio. Sembra essere il tracciato del vissuto di chi prova l'emozione, o anche di chi osserva qualcuno arrabbiato. Alcune di queste espressioni esprimono la paura che arrabbiarsi possa portare a un'esplosione di violenza fisica e verbale. Ecco le più comuni: «la mia rabbia era compressa», «scoppiare di rabbia». È anche molto frequente la metafora del fuoco e delle alte temperature: «attizzare la rabbia», «ha dato in escandescenze», «estinguere l'ira». Nel linguaggio di Internet questa è l'immagine che si è imposta: infatti un litigio in rete viene chiamato *flame war* (guerra di fuoco) e *flaming* significa arrabbiarsi.

Meccanismo di crescita graduale, con aumento della temperatura. A differenza di altre emozioni subitanee, il cui esempio tipico è la sorpresa, arrabbiarsi viene spesso considerato un processo di accumulo, dall'andamento variabile, che ha un periodo di incubazione seguito da un momento di scoppio o schiusa o rivelazione a se stessi e/o agli altri, o affioramento. Un'immagine frequente è quella di una sostanza liquida che aumenta di volume, ma anche di temperatura. In quest'ultimo caso entra in gioco la figura retorica della metonimia, cioè l'innalzamento della temperatura del corpo e l'arrossamento del viso (nonché l'aumento soggettivo di calore sentito e irradiato) non sono soltanto sintomi ma rappresentano anche la rabbia medesima: «la sua rabbia traboccò», «ribollire di rabbia». Rispetto alla modalità di crescita, c'è però anche la descrizione di un meccanismo di attivazione brusco: «sbottò e gliene disse quattro, «ebbe uno scatto d'ira».

Espressioni che descrivono le manifestazioni e le conseguenze dell'ira. Sono descrizioni, talvolta realistiche e talvolta iperboliche, delle manifestazioni espressive e fisiologiche dell'ira. Esse vengono talvolta usate in maniera analogica, come misura dell'intensità dell'emozione. Altre volte è dominante un'implicita relazione di metonimia, perché dall'espressione si legge la causa interna, ovvero dal significante si arriva al significato: «mettere il muso», «con la bava alla bocca», «con la voce strozzata», «fremeva di rabbia», «digrignava i denti dalla rabbia».

Nel linguaggio comune si descrivono anche i cambiamenti significativi nella percezione del mondo esterno e nell'autopercezione del proprio corpo. Di entrambe le alterazioni sono presentati gli effetti negativi sull'equilibrio fisico immediato e sulla salute: «vedo rosso dalla rabbia», «sentii che mi stavano scoppiando le vene», «si mangia il fegato dalla rabbia», «farsi il sangue marcio».

Oltre agli effetti fisici con ricadute psicologiche, sono rilevanti gli effetti direttamente psicologici dell'ira. Abbastanza caratteristica la metamorfosi in un animale, che si intravede come il rischio o il destino che minaccia la persona arrabbiata. L'espressione più tipica che riassume le trasformazioni ferine è appunto «andare in bestia», ma anche «inferocito» e «infierire», cioè comportarsi come una bestia feroce, una fiera. Vi sono poi espressioni più specifiche: «urla belluine», «era una belva», «essere inviperito».

La più grave, quasi tragica, conseguenza della rabbia è la perdita della lucidità, del controllo, della ragione. Questo timore è presente non solo nella grande letteratura – pensiamo ad esempio a Orlando furioso che perde il senno – ma anche nella lingua. Eccone dei casi: «perdere il lume della ragione», «essere fuor di sé dalla rabbia».

Se si parla invece degli effetti dell'ira non sulla persona arrabbiata, ma su quelli che ne subiscono l'urto, ci sono diverse espressioni caratteristiche, che segnalano il danno psicologico causato dai comportamenti spiacevoli degli altri. Due di queste descrivono, in modo realistico o metaforico, il danno psicologico che può derivare da un danno fisico. È il caso di «urtare» e «urtato» che ha sia un significato letterale, sia uno psicologico, altrettanto frequente. Interessanti i termini «offendere» e «offeso», che derivano da «fendere», cioè ferire, ora usati quasi esclusivamente in senso figurato.

Ho trovato poi delle frasi correnti che equivalgono quasi a teorie *in nuce* sulla relazione fra la rabbia manifesta, la rabbia controllata e il benessere psicofisico. Ne riporto solo le più rappresentative: «sfogarsi è come togliersi un peso dallo stomaco», «dopo essersi scaricato dalla rabbia poté riposare tranquillo», «mi sono tenuto tutto dentro e mi è venuta l'ulcera».

Espressioni idiomatiche. Qui ho elencato non solo metafore, metonimie, iperboli ecc., ma anche figure della lingua che derivano da espressioni il cui significato originario è andato perso oppure è passato in disuso, al contrario del significato traslato che risulta di immediata comprensione. Si troverà in questo gruppo un piccolo numero di espressioni presenti anche sotto altra voce: sono menzionate qui per il loro carattere di rimando a esperienze o sistemi di credenze, anche se talvolta distanti dall'esperienza emotiva:

«perdere le staffe» (perdere il controllo del cavallo, della guida e, di conseguenza, di se stesso);
«ho perso completamente i freni» (analogo, con riferimento all'automobile);
«mi girano i coglioni» (riferito ai testicoli che dolgono se maltrattati o mal posizionati; detto anche da donne e riferito anche a donne);
«mi sono venuti i cinque minuti» (ira violenta e breve);
«mi hanno fatto uscire dai gangheri» (riferimento alle cerniere di armadi o finestre su cui si agganciano le imposte; se le imposte escono dai

gangheri non possono girare per aprirsi e chiudersi, da cui cattivo funzionamento);
«alzarsi col piede sbagliato» (irritabilità insorta nottetempo per motivi ignoti, che comporta una maggiore propensione alla rabbia);
«ho un diavolo per capello» (i diavoli tirano e ispirano sentimenti e azioni luciferine, cioè malvagie; eppure i diavoli, a differenza delle divinità, non sono rappresentati comunemente come arrabbiati);
«gettare olio sul fuoco» (si fa riferimento al meccanismo di *escalation* della rabbia, ben documentato da numerose ricerche empiriche);
«facciamo due penne all'arrabbiata» (popolare ricetta piccante al sugo rosso col peperoncino; probabilmente si collega alle figure del bruciare e del fuoco).

Non ci dobbiamo stupire della contraddizione che si ritrova nelle espressioni, perché esiste anche nel modo di pensare alla rabbia. In realtà, molte regioni del pensiero comune sono adattate alla coabitazione di teorie e opinioni contrarie o contraddittorie. I proverbi sono un buon esempio di questa doppia saggezza popolare. Ci sono infatti coppie di proverbi che possiamo chiamare antagonisti, tipo «l'unione fa la forza» insieme a «chi fa da sé fa per tre».

Non diciamola quella parola

La parola è «incazzato». In un capitolo dedicato alle parole della rabbia non si può non scrivere questa «brutta parola», perché è il termine che più spesso oggi, nelle sue numerose varianti e declinazioni, si accompagna e fa da didascalia alle arrabbiature. È una parola così frequente che in circa l'80% delle registrazioni effettuate fra persone giovani di ambiente culturale medio-basso, in dialoghi liberi e racconti di arrabbiature, risulta essere l'unica parola che esprime stati emotivi. È vero che fra molte persone e in molti ambienti si usano invece delle parafrasi come «cavolo», «incavolarsi», «incavolato» e così via. Un altro termine usato è «rompersi», dalla frase intera che è «rompersi le palle o i coglioni». Significativo che si dica anche «mi sono rotta», cioè che l'immagine venga usata indifferentemente da uomini e donne. Curioso anche il fatto che questa parola sia usata al posto di «scocciato», che originariamente significava «andato in cocci» – dove il senso è tutto presente nell'immagine della rottura, già in sé evocativa di turbativa e di danno. Ma queste varianti, che qualche tempo fa erano molto diffuse, oggi sembrano in calo, senza dubbio per l'assuefazione al termine «cazzo» e alla sua famiglia di parole.

La sua fortuna penso dipenda dalla brevità e da una certa forza sonora, quasi onomatopeica, che deriva dal rumore delle due zeta che cozzano fra loro (come appunto nella parola «cozzare»). Per certi versi non c'è da preoccuparsi perché, secondo i linguisti, qualunque termine, anche il più crudo, se ripetuto frequentemente, più o meno a proposito, diventa «desemantizzato», perde cioè nella percezione comune il suo significato originale per acquisire solo quello che gli attribuisce il contesto. Questo è certamente il caso di cui stiamo parlando, come ad esempio è successo alla parola «casino».

Perché allora ho rivolto l'invito perentorio a non usare – se possibile – questa parola e i suoi derivati? Proprio perché non significa niente di preciso. Infatti si usa per segnalare stati emotivi molto diversi per intensità, che vanno dal lieve disappunto al furore più acceso, in circostanze scatenanti diversissime, dalla caduta a terra di una matita alla notizia che ci hanno rubato la macchina, ma anche come esclamazione di sorpresa, e perfino di entusiasmo (per esempio: «cazzo, che figata!»).

Ho fatto un piccolo sondaggio fra studenti, amici e colleghi proponendo loro individualmente di ordinare dal grado più lieve di intensità emotiva al più forte le seguenti parole che presentavo in ordine sparso ognuna su un diverso cartoncino: «infastidito», «irritato», «urtato», «arrabbiato», «furioso». Orbene, a grandissima maggioranza l'ordine scelto è stato quello che ho presentato sopra. Quando però ho chiesto a ciascuno di collocare fra questi termini la parola «incazzato», l'accordo è scomparso sia fra i giovani che fra i meno giovani. Alcuni pensavano che «incazzato» stesse vicino a «irritato», altri che fosse sinonimo di «arrabbiato», altri ancora che potesse sostituire qualunque di questi termini. Dunque, come pensavo, «incazzato» è una parola a spettro troppo largo, che disabitua a prestare attenzione alla differenza fra gli stati emotivi. Inseguire la precisione linguistica non è compito dei soli letterati. Anzi, in casi come questo giova a tutti. La precisione e la ricchezza del lessico emotivo è infatti un aspetto della competenza linguistica che permette di definire meglio i propri sentimenti e quelli altrui, dà corpo e forma al proprio vissuto, delimita esattamente ciò che proviamo. Insomma, per le emozioni è bene avere un'«alta definizione». Non è un gioco di parole: le due accezioni del termine sono entrambe rilevanti, perché è utile sia definire esattamente il significato sia mettere a fuoco, dare dei contorni netti, rendere chiaro e visibile.

C'è una teoria popolare sulla rabbia che viene fuori da questa raccolta differenziata di parole? Sì, c'è, anzi ce ne sono due. La prima, testimoniata da moltissime espressioni, è che la rabbia sia un'entità autonoma, dotata di forza propria, che tende ad aumentare e a premere contro le pareti del nostro io. Se questa emozione non trova in qualche modo uno sfogo all'esterno, esplode all'interno e danneggia la salute. C'è poi un'altra visione dell'ira, che apparentemente corregge, ma in realtà contrasta con la prima. Per questa seconda teoria, arrabbiarsi fa male, aumenta la pressione, può far venire un colpo apoplettico o un attacco cardiaco. Questa doppia faccia dell'ira è consonante sia con lo specifico vissuto emotivo, sia con la natura stessa delle teorie popolari, in cui le contraddizioni si stemperano e talvolta coesistono tranquillamente.

Come si diceva all'inizio del capitolo, ogni teoria personale in ambito emotivo influenza il modo di sentire e di comportarsi. Di conseguenza tenderà ad autorealizzarsi almeno per coloro che la sposano. In questo caso dunque ciascuno di noi sarà portato a vivere la rabbia in modo diverso a seconda di quale delle due teorie sente più vera. Entrambe le teorie concordano però su un punto: l'ira è uno stato emotivo che diminuisce molto le capacità di autocontrollo e di elaborazione cognitiva, è un motivo sufficiente per sragionare, rende simili alle fiere e dunque giustifica e autorizza violenze di ogni genere. Questo è per me l'aspetto veramente pericoloso di entrambe le teorie popolari: il fatto che la rabbia sia considerata da noi stessi, dal nostro prossimo e perfino dai nostri tribunali come una circostanza attenuante, anche per grosse bestialità.

Quali parole usare dunque? Alberto Arbasino suggerisce queste: «Indignazione, irritazione, sdegno, stizza, acredine, malanimo, astio, dispetto, rancore, livore, picca, ripicca, ruggine, fiele, corruccio, clamore, scalpore, protesta, ira, disprezzo, denuncia, offesa, avversione, detestazione, esecrazione, velenosità, malevolenza, ripugnanza, intolleranza...». E si può ancora aggiungere: risentirsi, ribellarsi, contestare, bacchettare, essere contro... anzi non poterne proprio più di tutte queste parole!

3. *Le ragioni di un'emozione*

> Il legume non mi piace ché sono cosa ventosa, i porri accendono la collera, i cavoli generano malinconia, i pasci fanno rema, il cacio guasta lo stomaco, il latte fa dolere il capo.
>
> Agostino da Ippona, *De vita beata*

Perché ci si arrabbia

Vi sono almeno quattro tipi di situazioni che vengono generalmente considerati come ragioni legittime per arrabbiarsi:

1. *Percezioni di situazioni sgradevoli di tipo fisico o materiale*: minacce all'integrità personale e dei propri beni materiali.

Enzo si accorge che un liquido nerastro è colato sul suo balcone, macchiando la sua sdraio. Prorompe in un'esclamazione di protesta e di richiamo, ma nessuno si affaccia. Allora rientra in casa e corre a telefonare al vicino per vivaci rimostranze.

2. *Disturbi o ostacoli alle proprie attività*, impedimento al conseguimento dei propri scopi.

Mentre Elvira lavora alla Biblioteca marciana su documenti rari, un funzionario le comunica che uno di quei testi non sarà disponibile per tre mesi, poiché già prenotato da un altro studioso. Elvira è irritata: se lo avesse saputo prima avrebbe cominciato col lavorare proprio su quel testo.

3. *Frustrazioni psicologiche*: imposizione di esperienze spiacevoli, interruzione o privazione di esperienze piacevoli, danni

alla dignità personale e dei propri cari, alla propria immagine pubblica e all'autostima.

Andrea è a casa che si gode *Il terzo uomo*. Nonostante sia in cassetta, il film non gli è mai sembrato così bello. Giovanni, passando dietro il televisore, inciampa sui fili e rompe l'attacco del cavo della corrente. Non c'è niente da fare, il televisore deve essere riparato. Andrea è furioso «Come si può essere così bestia!». «La pago io la riparazione». «Ma che m'importa dei soldi, non potevi stare più attento!».

4. *Ingiustizie* subite o prospettate per se stessi o per altri.

Durante l'esame scritto, il professore passa tra i banchi per controllare che gli studenti non consultino né libri né appunti. Francesca si sente osservata e poi apostrofata: «Lei signorina deve consegnare quei fogli». Francesca non ha né fogli né altro. Ma il professore insiste in tono duro. Francesca è imbarazzatissima, agitata, ma soprattutto arrabbiata per l'ingiusto sospetto.

Diamo un'occhiata ad alcuni episodi reali.

Adriana, uscendo di casa, vede davanti al suo portone un bambino pallido e magro che viene strattonato, quasi trascinato a forza da una donna ben vestita. Il bambino sta piangendo e grida: «No, mamma, no, lasciami» e improvvisamente si volge verso Adriana e le si attacca a un braccio. La donna scatta, la guarda duramente e le dice: «Lei non si immischi, che a mio figlio ci penso io», si volta e attraversa la strada, sempre tirandosi dietro il bambino. Adriana viene sopraffatta da un'ondata di collera: perché una sconosciuta si permette di rimproverarla in pubblico, perché il rimprovero è del tutto fuori luogo, perché le sembra che il bambino sia trattato male, per non aver saputo reagire in modo adeguato.

Lucia e Paolo stanno tornando a casa. Al momento di parcheggiare la macchina nel garage Paolo dice a Lucia che è alla guida: «Non metterla storta come fai sempre, perché poi uscendo la strisci». Non l'avesse mai detto! Lucia, che fino a quel momento sembrava tranquilla ed era forse un po' stanca, si ribella come punta da una vespa: «Ma quando mai io l'ho strisciata la macchina! E pensa a te allora, che ti sei fatto rubare tre volte lo specchietto».

È evidente che questi episodi, raccolti personalmente come gli altri, non sembrano rientrare nelle precedenti categorie, anzi, rientrano in più di una categoria, e per questo sono tipici, perché la rabbia è spesso suscitata da una combinazione complessa di eventi. Questi eventi o circostanze sono chiamati nella letteratura psicologica *antecedenti emozionali*, un modo prudente per dire che non si sa bene se sono veramente causa dell'emozione, ma si può affermare con certezza che sono stati rilevati prima che si provi o si manifesti un'emozione. Di regola, parlerò di *antecedente* in riferimento a una sequenza di fatti osservati dall'esterno, dato che non vi è garanzia che vi sia un rapporto di causa-effetto fra un evento e l'emozione, mentre parlerò di *causa* ogni volta che questo nesso sia instaurato direttamente da chi racconta l'episodio. Una precisazione: gli esempi e le considerazioni che seguono riguardano soprattutto arrabbiature conseguenti a eventi non gravi. Questo perché sono quelli citati con frequenza di gran lunga maggiore in tutte le ricerche e perché la rabbia provocata da eventi gravi, come può essere un tradimento, una rapina, una mancata promozione, è necessariamente intrecciata con altri sentimenti ed emozioni, talvolta nettamente dominanti.

Iniziamo con una distinzione essenziale: all'origine delle arrabbiature possono esservi fattori fisici o psicologici. Ad esempio, una persona può essere urtata in senso proprio, cioè subire uno spintone o un danno di tipo materiale, oppure essere urtata da una dimenticanza o essere vittima di una minaccia o di un attacco psicologico. Il fatto che questa distinzione sia concettualmente utile non significa però che nella realtà non vi siano dei casi misti.

Gli antecedenti del primo gruppo sono costituiti da disturbi e danni che agiscono a livello sensoriale, e ci fanno arrabbiare non per il loro significato quanto per le sensazioni sgradevoli che infliggono ai nostri organi di senso, per le limitazioni imposte alla nostra libertà di movimento, per il danno subito dai nostri beni materiali. Metteremo in questa categoria l'essere immobilizzati, l'essere chiusi dentro una stanza, l'essere costretti a sentire dei rumori troppo forti o a provare sensazioni di troppo caldo o troppo freddo, il vedere una luce accecante, il subire un improvviso dolore fisico. Tutte queste sensazioni possono dare origine a un'irritazione brusca, anche se piccola o momentanea. Per inciso, il termine «irritazione», spesso usato in senso figurato, denomina originariamente una reazione fisica dei tessuti organici, specialmente della pelle, al ripetuto contatto con agenti esterni.

I fattori psicologici che stanno all'origine delle arrabbiature sono assai più numerosi e ben più difficili da classificare e analizzare. Essi dipendono essenzialmente dai valori di chi si arrabbia e dalla rappresentazione mentale che ci si fa del colpevole. Possiamo cominciare a elencare le cause più frequenti, che sono le minacce e le offese alla nostra persona, alla nostra immagine pubblica e alla nostra autostima. Questi eventi possono avere luogo per iniziativa altrui, come quando si viene rimproverati per misfatti che non abbiamo commesso o si viene presi in giro per i nostri gusti nel vestire, oppure per la resistenza degli altri al nostro volere, come quando ci arrabbiamo con chi non ci ubbidisce o scopriamo che qualcuno ci ha raccontato una bugia.

Un altro nutrito gruppo di fattori psicologici raccoglie quelle circostanze in cui ci arrabbiamo perché le nostre attività vengono interrotte, ostacolate o non facilitate come ci aspettavamo. In generale ciò succede quando delle barriere impreviste ci si parano davanti, mettendo in pericolo o ritardando il raggiungimento dei nostri scopi. Ciò accade se qualcuno ci interrompe mentre parliamo, mentre scriviamo, mentre siamo assorti in un difficile calcolo o in un lavoro che richiede massima attenzione e mano ferma. Accade perché qualcuno ha buttato i fogli con i nostri appunti, perché è uscito con la macchina che ora ci serve, si è dimenticato di comprare l'inchiostro per la stampante, ci lascia in strada ad aspettare il suo arrivo.

Qual è la causa intrinseca delle arrabbiature più frequenti e diffuse?

James Averill, nel suo studio già citato su rabbia e aggressività, individua tre caratteristiche. In primo luogo sembra evidente che esse insorgono quando la responsabilità di un evento per noi negativo viene attribuita a una persona adulta e responsabile. Egli afferma che le frustrazioni e i disagi suscitano rabbia solo nel caso in cui se ne attribuisca il carico o l'iniziativa agli altri. Non è quindi la sgradevolezza dell'evento in sé a suscitare l'emozione. A riprova di questa affermazione, si pensi quanto spesso noi sentiamo rumori molesti o proviamo dolori anche acuti senza provare alcuna rabbia, mentre i nostri sentimenti oscillano fra l'insofferenza e l'accettazione. No, per arrabbiarsi è necessario che di fronte a noi – nella realtà o anche solo nella nostra mente – ci sia una persona che materialmente e consapevolmente ha voluto procurarci quel disagio o creare per noi quell'ostacolo.

Una seconda caratteristica dell'evento negativo che suscita la rabbia è che esso sia considerato evitabile, cioè né fatale, né necessario. Allora la rabbia, che di fatto è scatenata dalla frustrazione, viene indirizzata contro chi avrebbe potuto evitare tale frustrazione e non lo ha fatto.

Un terzo elemento è la mancanza di giustificazione, cioè la gratuità di un evento che, pur arrecando danno ad altri, non porta dei vantaggi particolari a nessuno. Sempre secondo le ricerche di Averill, solo l'11% delle persone si arrabbia per eventi considerati volontari, ma giustificati dalle circostanze.

Dunque quando ci arrabbiamo di solito sappiamo, o pensiamo di sapere, tre cose della persona con cui ci arrabbiamo: che ha fatto volontariamente e consapevolmente quello che ci ha fatto; che volendo avrebbe potuto evitarlo; che questa azione non gli ha dato vantaggi considerevoli o almeno proporzionati al danno arrecatoci. Questa regola ha però le sue eccezioni. Nonostante che in linea di principio non ci si dovrebbe arrabbiare con chi non è capace di intendere e di volere, con i bambini piccoli ci si può arrabbiare, e molto. Addirittura il loro pianto può indurre a un tale grado di esasperazione che si arriva a picchiarli. Eppure si sa che gli infanti non sono né consapevoli né responsabili delle loro azioni; è la spiacevolezza delle sensazioni che non si placano che strappa la violenza dalle mani. Sono anche numerosi i casi di rabbia, analoghi come meccanismo, verso persone che creano problemi domestici, ma che sono del tutto irresponsabili, perché molto vecchie o malate o temporaneamente incapaci. In tutte queste circostanze la rabbia è però accompagnata da un senso di impotenza e di vergogna, dal desiderio contemporaneo allo scoppio d'ira di riparare agli effetti di una reazione emotiva che si sente come ingiusta. Un altro caso interessante è la rabbia verso chi, anche facendo del suo meglio, non avrebbe potuto evitare di danneggiarci, come il caso dell'amico che in buonissima fede ci consiglia un'operazione di borsa che poi si rivela un fallimento. Il consiglio è stato dato facendo uso delle migliori capacità e competenze, anche se però in questo caso invece di aiutarci a raggiungere il nostro obiettivo finanziario lo ha ostacolato. Anche la terza caratteristica, la gratuità dell'evento, può essere assente e ciononostante possiamo ugualmente arrabbiarci. Certo, ci sentiamo rimescolare in modo diverso se scopriamo di essere stati coscienziosamente truffati – anche se di poche lire – dalla nostra banca, rispetto a quando ci accorgiamo che hanno portato in lavanderia quei pantaloni dove avevamo lasciato una banconota da centomila lire.

In definitiva, le tre caratteristiche di Averill individuano quel tipo di rabbia che insorge per buone ragioni, perché chi la provoca è essenzialmente buono e tuttavia fa qualcosa di cattivo. Il suo prototipo nella vita quotidiana è l'arrabbiatura verso il compagno di gioco che, pur volendo vincere come te, gioca una carta sbagliata e poi ti accusa di averlo fatto perdere. Eppure sappiamo bene che capita di arrabbiarci per le ragioni sbagliate, cioè contro persone che sono solo gli esecutori materiali di azioni spiacevoli, che sono solo distratti, che sono solo degli incapaci, che fanno solo il loro interesse. E noi non solo ci arrabbiamo con loro, ma poi anche con noi stessi, perché non avremmo né dovuto, né voluto arrabbiarci. C'è poi un altro motivo per fare attenzione a quanto detto da Averill: quando siamo oggetto di rabbia possiamo tentare di scagionarci dicendo che l'azione incriminata era inevitabile. Quando siamo noi a far arrabbiare possiamo giustificarci dicendo di non conoscere le conseguenze di quello che abbiamo fatto, o anche, più spavaldamente, che «quello che ti ha fatto arrabbiare l'ho fatto per il mio tornaconto, e quindi tanto peggio per te!».

Cause e ragioni

Ci si può arrabbiare per ragioni gravi o lievi, e infatti molti degli esempi riportati finora spaziano da un incidente serio a un episodio che è definito come una «bazzecola» anche da chi lo ha riferito. Anche le reazioni di sdegno o di indignazione civile sono forme riconosciute di un'emozione che insorge in seguito a eventi pubblici che interessano gruppi via via più numerosi, fino a coinvolgere l'intera popolazione. Spesso questa emozione viene attizzata con un'adeguata organizzazione, come marce, scioperi, canti e cartelli di protesta. Un esempio remoto, ma notissimo, fu il bombardamento giapponese della base navale americana di Pearl Harbour, avvenuto nel 1941 quando le due nazioni non erano ancora in guerra, che suscitò grande sdegno e violentissime proteste negli Stati Uniti. Un caso pubblico più recente è, ad esempio, la grande rabbia che ha sconvolto i democratici argentini a causa della liberazione del dittatore Pinochet.

Eppure la rabbia non è sempre commisurata all'importanza del danno o della frustrazione. Al contrario, sembra che la proporzione fra gravità della provocazione e forza della reazione sia raramente rispettata. Infatti una delle osservazioni più frequenti che fanno gli arrabbiati è che non era il caso di arrabbiarsi e d'altra parte capita spesso di rammaricarsi per essersi arrabbiati per così poco. Di conseguenza queste arrabbiature esagerate si ripiegano su se stesse, cioè diventano ulteriore motivo di irritazione e di scontentezza per chi si è arrabbiato, prima contro gli altri e poi contro se stesso.

Passando in rassegna i risultati delle ricerche scientifiche sembra indubbio che ci si arrabbi in modo più o meno violento e manifesto a seconda dell'umore, dello stato di salute, di chi siamo e di chi abbiamo davanti. È un fatto spiacevole da ammettere, ma assai diffuso: a parità di altre condizioni, ci sono degli individui con i quali ci si arrabbia più violentemente e più spesso, a causa di loro caratteristiche psicologiche, sociali, ma anche fisiche, delle quali non sono affatto responsabili. Gli studi condotti sui bambini maltrattati dai propri genitori e da altri adulti hanno mostrato, ad esempio, che i maschi subiscono la rabbia più delle femmine, gli immaturi, i bruttini e i magri più dei bambini belli, nati a termine o grassottelli. Il pianto infantile poi, che è già uno stimolo che spesso scatena la rabbia, può presentare caratteristiche sonore particolarmente irritanti. Infatti si è visto che i bambini che piangono in un certo modo – con toni alti, con volume crescente, con interruzioni brevi – suscitano più rabbia di altri negli adulti che si prendono cura di loro.

Fra le cattive ragioni per arrabbiarsi, ve ne sono alcune legate agli eventi esterni che costituiscono delle circostanze eccitanti generiche. Le più importanti sono la fretta, il rumore, il calore, la stanchezza, la paura. Il motivo per cui stati emotivi diversi vengono trasformati in rabbia è abbastanza intuitivo. In primo luogo, ogni stimolo sgradito viene accentuato quando il nostro organismo è già sotto tensione, quando stiamo male fisicamente, quando gli stimoli irritanti si sommano a una situazione di stress. In particolare, ogni ostacolo diventa più frustrante quando il tempo è poco.

Il nesso fra paura e rabbia è quello più significativo e interessante, perché sembra che queste siano emozioni opposte o contraddittorie. La paura infatti deriva da un pericolo che può essere costituito dalla presenza minacciosa di altri, mentre la rabbia appare come una minaccia, un pericolo per gli altri. Oltre ai mezzi passivi rappresentati dal restare immobili – per non essere visti e non attirare l'attenzione – o dal fuggire, un'altra strategia può essere quella, decisamente più attiva, di spaventare l'aggressore e dissuaderlo dall'attaccare. Il motivo di questa plausibile metamorfosi sta tutto nel bisogno – anche istintivo – di trovare dei mezzi per sfuggire agli attacchi.

È molto documentata la propensione ad arrabbiarsi – ovviamente per motivi «sbagliati» o addirittura inesistenti – quando ci si trova già in uno stato di attivazione emotiva o di stress fisico. Se non si è a conoscenza di questo effetto, si rischia di fraintendere il significato e il peso dell'emozione degli altri, e talvolta di non capire neppure le nostre proprie reazioni. Perfino l'amore e la tensione sessuale possono aumentare la suscettibilità all'ira. Non è un caso che quando due innamorati devono separarsi, proprio allora nascano tensione e scaramucce e che vi siano tentativi di stupro e di violenza che si sovrappongono brutalmente all'attrazione fisica nell'ambito di una relazione intima.

Perfino la mancanza di rabbia può essere causa di arrabbiature! Sì, quando la si percepisce come ingiusta e lesiva dei nostri diritti. Nel capitolo 6 dedicato allo sport vedremo che ci si arrabbia molto quando durante le gare una regola viene violata: la reazione allora è sentita come adeguata e necessaria per sanare l'ingiustizia. Ma questo non succede solo sul terreno sportivo e in uno stato di forte attivazione fisica. Il senso di giustizia violato può perfino provocare delle forti irritazioni, anche in circostanze domestiche e miti, proprio contro qualcuno che non si arrabbia abbastanza o che non si arrabbia affatto.

Nonostante l'esistenza di queste situazioni accidentali e di una grande variabilità di comportamento fra una persona e l'altra, ci sono delle ragioni deputate, anzi degli eventi che richiedono inesorabilmente una risposta di rabbia, come se si trattasse di una raccomandata con ricevuta di ritorno. Casi analoghi si possono osservare nella vita pubblica dove questo «dovere dell'emozione» viene reso esplicito, come nell'esempio seguente. A Bari, alla fine del novembre 2000, il presidente della regione Puglia viene aggredito da alcuni dimostranti. Un paio di giorni dopo, esattamente il 28 novembre, un parlamentare del suo stesso schieramento si lamenta pubblicamente e ufficialmente perché non si registra un «adeguato livello di indignazione». Ora, le opinioni possono essere diverse, ma per tutti questa frase ha un significato chiaro e univoco: significa che, nel sentire comune, ad alcune azioni vissute come attacchi, offese o infrazioni deve seguire una reazione commisurata alla gravità dell'azione che l'ha provocata.

Questa «economia riparatrice» sembra poggiare sulla convinzione che vi sia – anzi che vi debba essere – una sorta di equilibrio omeostatico dell'emotività, basato sulla meccanica delle spinte. La vita emotiva in questo caso sembra modellata su alcune esperienze e conoscenze della fisica. Ad esempio, che ogni corpo in acqua riceve una spinta uguale al peso della massa del liquido spostato e che l'impulso impresso alla palla da biliardo la sposta per una distanza commisurata alla spinta ricevuta. Analogamente si vive la sensibilità individuale come una rete elastica, su cui ogni colpo rimbalza in proporzione alla sua forza e all'elasticità della rete. L'idea che la rete sia più o meno respingente rappresenta con una metafora le differenze individuali, che possono essere sia stabili – una persona irascibile «rimbalzerà» più di una serafica – sia temporanee e accidentali, come i fattori irritanti di cui si parlava o le circostanze che leniscono l'irritazione, come un ambiente raffinato o un pasto abbondante.

Queste regolarità, che sono state studiate sperimentalmente, sono presenti nella nostra teoria ingenua della rabbia e dominano in qualche misura sia la morale del senso comune, sia la legislazione scritta. Infatti in molti dei codici penali, fra cui quello italiano, vi sono significative attenuanti per reati anche gravissimi compiuti in preda all'ira. La stessa indulgenza è prevista nel caso vi sia stata una provocazione o se si sia subito un torto. Addirittura, fino agli anni '60 nel nostro codice si giustificava perfino l'omicidio se si trattava del cosiddetto «delitto d'onore», perché si considerava un obbligo sociale uscire di senno e ammazzare un uomo che dopo un atto sessuale non sposava la ragazza.

È interessante e degno di riflessione il fatto che delle proprie arrabbiature si parli molto: secondo una stima attendibile almeno il 40% degli episodi vengono riferiti e commentati. «Mi ha fatto una rabbia!» è frase comune, intercettata innumerevoli volte nelle conversazioni fra amici e conoscenti. Se ascoltiamo come continua questa frase, vengono fuori spesso episodi minuti di battibecchi domestici o lavorativi, con una caratteristica in comune: è l'altra persona ad aver cominciato, è l'altra persona ad avere tutti (o quasi tutti) i torti. Infatti nessuna rabbia, nessuna intemperanza o violenza sembra più giustificata di quella che viene dopo un torto altrui, come se la regola della reciprocità assolvesse da ogni peccato. Se poi volessimo conoscere meglio i termini di un litigio e farci un'idea delle ragioni dell'altro, non è certo dal nostro arrabbiato che potremmo venirne a conoscenza in modo comprensibile ed esauriente. Mentre ciascuno di noi riferendo di una disputa conosce bene e sa riferire eloquentemente le proprie ragioni, le ragioni dell'altro sono monche, confuse, contraddittorie, quando non addirittura assenti.

A mio giudizio, il motivo principale per il quale si raccontano così spesso le proprie arrabbiature e i propri litigi è quello di affermare e riaffermare se stessi e il proprio mondo di valori. Anche quando sembra che lo scopo dominante di questi resoconti sia di mettere gli altri in cattiva luce e di presentare se stessi come vittime, l'accento è posto ripetutamente sul valore della propria posizione, sul significato universale dei propri diritti offesi. In questo senso il racconto delle proprie arrabbiature non ha una funzione troppo diversa dal racconto delle proprie imprese e dei propri trionfi. Con la differenza che se parliamo troppo bene di noi stessi rischiamo di sembrare vanitosi, mentre a parlar male degli altri questo rischio viene apparentemente evitato.

L'esperienza di ciascuno di noi concorda con i risultati delle ricerche scientifiche fatte in questo ambito. Un piccolo «assalto» in ambiente domestico e urbano, una minima scarica di aggressività, ira, adrenalina può far scoppiare una guerricciola che logora chi la subisce, in un ping pong di reazioni-attacchi-reazioni. Si tratta essenzialmente di una sequenza di retroazioni, nella quale si perde di vista il moto iniziale che ha dato inizio al vibrare del diapason. Purtroppo il meccanismo dell'ira è ben diverso, perché mentre il movimento del diapason tende naturalmente ad attenuarsi, le azioni ostili nel loro ripetuto rimbalzare possono amplificarsi lungo il percorso, subire drastici cambiamenti, come quando da toni aspri si passa agli insulti, e dagli insulti ai gesti, alle mani alzate (alzare le mani è il termine spesso eufemistico usato per dire colpire qualcuno o picchiarsi), dal fare a botte all'aggressione con strumenti – se c'è a portata di mano un'arma – propria o impropria – il passo può essere drammaticamente breve.

Vi sono numerosi casi di piccoli attacchi e di minuscole minacce al buonumore che si rivelano gravi perché la situazione è aggravata da almeno una di queste due circostanze: la persona urtata è un tipo suscettibile, sempre o solo perché è di cattivo umore; il «colpevole» è una persona invisa o sospetta, sia come individuo che come membro di un gruppo che gode cattiva fama. Vi sono molti studi e molti esempi a questo proposito. Ecco un paio di episodi caratteristici.

Selina si è appena accorta di aver dimenticato di portare a casa dall'università un libro che le serve per completare stasera il suo lavoro. Sta pensando come fare per superare il problema: se è troppo tardi per tornare a prenderlo o se può ricavare gli stessi dati da un'altra pubblicazione. Perché il suo lavoro deve essere assolutamente fatto per domani mattina. In quel momento Paolo, il figlio di dieci anni, strilla: «Mamma, ti sei dimenticata di comprarmi il kinder brioss!». Selina ha uno scatto interno di fastidio e sbuffa di irritazione rivolta verso il figlio.

Marcella è considerata dall'insegnante una studentessa che interrompe le lezioni, si muove troppo e parla senza alzare la mano per chiedere permesso. Verso le dieci di mattina, si apre la porta dell'aula ed è il preside che sta entrando. Un istante prima che l'insegnante se ne accorga, Marcella lo ha già visto e si alza in piedi. «Ma stai seduta, non mi fare arrabbiare come al solito!» la rimprovera subito stizzita l'insegnante.

Alle differenze individuali, secondo cui si definisce irritabile o suscettibile chi è più facile degli altri a montare in collera, si può sostituire (o aggiungere) la norma collettiva che marca col segno dell'offesa i comportamenti altrui, chiudendo il protagonista in una sfera di dignità che lo obbliga a coltivare un senso austero del proprio onore, un onore che si appanna o si incrina per gli urti più lievi. In altre parole, ogni cultura ha degli specifici punti di vulnerabilità, che, se feriti, richiedono delle riparazioni obbligatorie, come ad esempio le culture che ruotano attorno al concetto di onore individuale e famigliare. Ancora un altro caso per restare vicino a noi: i gruppi tradizionali che abitano il sud dell'Europa sono più attenti ai gesti di riconoscimento interpersonale, come il saluto o la collocazione a tavola, più attenti alle regole di rispetto verso le donne, più attenti ai messaggi che segnalano superiorità di rango all'interno del gruppo. L'insieme di questi comportamenti è regolato da un codice non scritto, ma non per questo meno chiaro e rispettato. Il nucleo di questo codice consiste nel rendere e pretendere omaggio in accordo con la gerarchia e con i valori condivisi. L'attenzione infatti nasce dalla necessità di controllare se è stata rispettata la fitta rete di regole che prescrivono i comportamenti adeguati all'impresa sociale. Fra gli antecedenti delle arrabbiature di questo tipo abbiamo trovato spesso dei gesti che non sono in sé sgradevoli a livello percettivo, ma lo sono esclusivamente in quanto segni di «mancanza di rispetto» – frase assai tipica che indica un comportamento vissuto come minaccia alla propria collocazione nel tessuto sociale –, ovvero sono gesti offensivi come, ad esempio, fare le corna. Invece «parola di offesa» è chiamato non l'insulto o il termine volgare, ma la parola che fende, cioè ferisce il corpo sociale, non riconoscendone la dignità.

Luigi arriva al circolo e vede che la sua poltrona accanto alla lampada è occupata da un tizio con gli occhiali, che gli sembra di aver visto qualche volta in compagnia del presidente del circolo. Si acciglia in viso e dentro di sé si sente ribollire. Si è seduto al suo posto per sbaglio o l'ha fatto apposta? E nessuno gli ha detto niente? Il presidente lo sa? Si rivolge al ragazzo del bar e gli chiede: «ma chi è quel signore seduto al mio posto?», «non lo so – è la risposta – è venuto col presidente, hanno parlato un po', poi si è seduto là», «ma il presidente l'ha visto che si sedeva là?», «sì, l'ha visto».

Le occasioni di questo tipo, che provocano un'arrabbiatura spesso tenue e volatile, ma talvolta anche acuta e pungente, sono frequenti e possono essere cumulative, se si ha la ventura di frequentare o di vivere accanto a persone egocentriche, cioè letteralmente centrate su se stesse e dimentiche delle esigenze altrui. È in queste circostanze che per descrivere l'arrabbiatura è adeguato usare l'espressione «ho perso la pazienza». Anche l'espressione «la goccia che fa traboccare il vaso» rende giustizia di questo processo di accumulo e di sommatoria. A un momento imprevisto, dopo uno stillicidio di minuscole contrarietà, di prolungata pazienza e vani tentativi, la somma di piccoli eventi arriva al totale e fa scattare la reazione: lo sbattere di una porta, gli urti involontari, per strada, al bar, nel ridotto di un teatro, i piccoli danni, reali o solo temuti, agli oggetti personali, lasciare aperta la finestra o la porta della stanza (questo deve essere un motivo di irritazione classico, perché c'è un piccolo corredo di battute castigatorie, del tipo «solo i cani lasciano le porte aperte»).

È certamente vero, come scrivono gli storici, che le guerre – quelle di ieri e quelle di oggi – nascono per motivi seri e profondi, di tipo essenzialmente economico, come il controllo del territorio, il possesso delle risorse alimentari o il dominio sul mercato. Spesso però queste ragioni e questi scopi non sono chiari e consapevoli, neppure per quella persona, di cui la storia non riporta il nome, che ha dato fuoco alle polveri, che ha detto una parola di troppo alla donna dell'altro, che ha parcheggiato il carro nel posto riservato al capo, per cui le guerre possono avere inizio così, come le racconta Omero, per una donna rapita o insultata. Anche la rivolta palermitana del 1282 contro l'occupazione francese, nota come Vespri siciliani, nasce tradizionalmente per lo stesso motivo: una donna che esce dalla chiesa col marito diventa oggetto di attenzioni troppo galanti da parte di un soldato francese, un occupante, un nemico. È un insulto grave all'onore dell'uomo che fa scattare la reazione, e poi la controazione, un'offesa che deve essere vendicata col sangue. Né più né meno, la stessa origine e la stessa «ragione» per cui oggi si dà inizio a una scazzottata davanti alla discoteca o alla fiera del paese. Le scaramucce – satelliti di ogni situazione di guerra o guerriglia fra gruppi sportivi o di lavoro, ma anche in famiglia e fra amici – sembrano nascere spesso per quelli che vengono definiti «futili motivi». Sono motivi o microazioni considerati futili a priori e a posteriori, cioè a mente fredda prima e dopo, ma non certo a caldo, durante l'episodio.

Talvolta l'insieme di circostanze è così intricato e il momento dell'inizio così sfumato che entrambi i contendenti sono convinti che sia stato l'altro a cominciare, di avere soltanto reagito a un torto subito, che la colpa è quindi dell'altro, o che al massimo si è esagerato solo nel fare la seconda mossa. Quindi la rabbia è sentita da ciascuno come una reazione all'azione dell'altro e ciò che si fa viene vissuto come legittimo. È frequente poi il caso in cui, durante una sequenza di azioni-reazioni irritate, vengano suscitati dei nuovi motivi di rabbia. Allora la tensione o la lite si allargano, anche se talvolta questo meccanismo non appare evidente, come invece lo è in questo scambio di battute tratto dal film *Amici, complici, amanti*, di Paul Bogart (Usa, 1988): «Sei ancora arrabbiato?», «No, questa è un'incazzatura nuova».

Con chi ci arrabbiamo

La maggior parte delle arrabbiature ha per bersaglio un altro essere umano. Se non è con gli altri, ci si arrabbia con gli animali, con gli oggetti, con le istituzioni. Un caso a parte è costituito dalla rabbia verso se stessi, che è una rabbia speciale nelle sue ragioni e nelle sue forme. La spiegazione di questo fatto è semplice: non ci si arrabbia soltanto a causa di un'esperienza sgradevole o per la frustrazione di un desiderio, ma perché si pensa che dietro l'evento per noi negativo ci sia una responsabilità, perché risale all'azione e all'intenzione umana, perché qualcuno avrebbe potuto evitarlo e non lo ha fatto. A riprova di ciò si pensi al cattivo tempo, la pioggia nel giorno della gita o la nebbia durante un viaggio in autostrada: nessuno si arrabbia veramente con il clima, anzi si dice «piove, governo ladro!» proprio per sottolineare il fatto che del tempo sbagliato non si può dare la colpa a nessuno e allora lo si può prendere come pretesto per arrabbiarsi contro il governo, cioè contro chi per antonomasia ha sempre tutte le colpe.

Vediamo chi sono le persone con le quali ci si arrabbia. Il primo dato è all'apparenza stupefacente: in più di un terzo dei casi le persone che ci fanno arrabbiare sono quelle che amiamo di più. Non basta: quasi un altro terzo delle arrabbiature è provocato da persone amiche e che ci piacciono e solo un quinto da estranei o semplici conoscenti. L'ultimo dato poi sembra a prima vista incredibile: le persone che odiamo ci fanno arrabbiare pochissimo, non più del 10% delle volte.

Perché ci arrabbiamo con le persone amate, col fidanzato, il coniuge, i genitori e i figli? È allora vero che l'odio e l'amore hanno in comune molto più di quanto non si pensi e non si dica? Secondo La Rochefoucauld «se l'amore dovesse essere considerato dai suoi effetti visibili, somiglierebbe più all'odio che all'amicizia» (Massima 72). È davvero così? Non vi è dubbio che l'essenza dei rapporti affettivi più importanti è la loro durata nel tempo passato e ancora di più forse la loro prospettiva nel futuro. Qual è infatti la differenza critica fra un flirt e una relazione o un matrimonio se non quella di fare progetti insieme? Dov'è la differenza fra chi si prende cura di noi occasionalmente e chi è un parente o un genitore, se non nel fatto che un genitore personifica un rapporto antico di protezione, di responsabilità e dipendenza affettiva? Ancora una volta entra in causa la nozione di responsabilità e, in questo caso in particolare, quella di aspettativa delusa.

Inoltre vi sono due elementi temporali tipici dei rapporti affettivi che, forse in modo paradossale, contribuiscono a suscitare più rabbia con le persone a cui vogliamo più bene: un comune passato e un progetto per l'avvenire. Se esiste un legame affettivo di lunga durata noi pensiamo che l'altra persona ci conosca e che, poiché ci vuole bene, farà il possibile per farci piacere, o quantomeno per non farci dispiacere. Spesso c'è anche una presupposizione di trasparenza dei gusti, se non di somiglianza delle abitudini. Oppure, se si tratta di un rapporto con un forte elemento conflittuale, gli episodi di contrasti passati sono così presenti nella mente che si preannunciano e si prevedono a proposito e a sproposito. Quando scatta l'associazione fra una parola pronunciata in tono neutro e il ricordo di un rimprovero abituale o temuto, ecco che si ritorna mentalmente in una situazione trascorsa e la rabbia che affiora è nutrita di frustrazioni e di conflitti del passato.

Giorgio torna a casa molto più tardi del previsto dopo una serata in discoteca. In soggiorno c'è suo padre ancora alzato, che con tono assolutamente normale gli dice: «ma lo sai che ore sono?». Giorgio gli lancia addosso le chiavi della macchina e se ne va in camera sua sbattendo la porta.

Perché Giorgio è arrabbiato? Non certo perché è stato rimproverato, ma perché l'attesa del padre è associata ad altre attese del passato, che si concludevano con rimproveri per essere tornato dopo l'orario fissato. Un ugual peso ha la prospettiva del futuro. Poiché, come vedremo nel capitolo 5 in cui si parla delle funzioni della rabbia, anche se consapevolmente non vorremmo arrabbiarci e magari pensiamo che arrabbiandoci non si concluda un bel niente o si peggiori la situazione, manifestare la propria rabbia ha delle importanti funzioni interpersonali, fra le quali quella educativa che si svolge attraverso la dissuasione. In altre parole, quando ci arrabbiamo con qualcuno per qualcosa, diamo un messaggio molto chiaro e forte: non farlo più in futuro. La sgradevolezza, anche sul semplice piano percettivo – occhi aggrottati, voce alta e forte, oppure stridula, viso rosso e denti scoperti –, del viso e del comportamento di rabbia sono già in parte un deterrente, un rinforzo negativo, si direbbe in termini comportamentistici. Se poi pensiamo che in futuro saremo in stretti rapporti con la persona con cui ci siamo arrabbiati, è ancora più importante che l'evento non si ripeta.

A tavola. Giovanni si serve per la seconda volta di mascarpone e mostarda. Elvira fa una faccia lunga, insieme a un gesto di sconforto e rabbia. «Ma non ti rendi conto che hai già mangiato per due? Possibile che non ti interessi niente della tua salute? Per non parlare della pancia, che ti dovrò fare allargare i pantaloni da sci!»

Perché Elvira si arrabbia quando Giovanni non segue la dieta e, a suo giudizio, corre un maggior rischio di ammalarsi? Perché pensa che la sua relazione con Giovanni durerà nel tempo, e che tocca a lei fare allargare i suoi pantaloni e curarlo se si ammala. Con gli altri uomini è assolutamente disinteressata, anzi le piace vederli mangiare e bere allegramente.

Un altro elemento favorisce il fatto che la rabbia si manifesti con le persone amate: la familiarità. Se abbiamo confidenza con qualcuno, saremo più inclini a manifestare senza mediazioni e controlli i nostri stati d'animo. Infatti la familiarità ci ha indotto a essere più diretti e spontanei poiché non si può essere formali per lungo tempo (e neppure si deve, perché se si è troppo controllati si rischia di dare un'impressione di insincerità). Infine, e questa potrebbe essere la ragione sotterranea più forte di tutte, anche se meno presente alla coscienza, con le persone care passiamo molto tempo, siamo legati a loro da rapporti di interdipendenza quotidiana, quello che fanno ci riguarda e ha peso nella nostra vita, e viceversa.

Da questo semplice fatto derivano le minute occasioni di scontro e di fastidio, le attese e le mancanze, lo starsi fra i piedi e l'essere interrotti, il mettere in disordine e il non mettere in ordine, il parlare troppo al telefono e non abbastanza con me, il tenere la televisione troppo alta e la luce troppo bassa. Non è certo una novità che fidanzati, coniugi, genitori e figli quando sono lontani fra loro sentono di amarsi di più e non ricordano neanche i motivi delle piccole guerricciole domestiche. Per tutte queste ragioni tra loro convergenti, fra intimi si manifestano di più tutte le emozioni, malumore, scontento e rabbia compresi. Inoltre, la forza del legame personale in qualche modo garantisce che la rabbia non avrà delle conseguenze gravi, né sulla relazione, né sul piano concreto, perché vi sono dei contrappesi affettivi che ci rassicurano.

C'è da ricordare un'ultima cosa, difficile da mandare giù, eppure notissima: almeno un quarto delle nostre arrabbiature sono dirette verso la persona sbagliata. Succede, per i motivi più vari, che invece di prendercela con chi è la vera causa delle nostre frustrazioni, scarichiamo la rabbia sulle persone che ci sono vicine, che non si vendicheranno di noi, e che – speriamo – sono più disposte a essere indulgenti e a perdonarci. Poiché questo spostamento della rabbia è un meccanismo pressoché universale, quando ci capita di subirlo dovremmo prenderlo con filosofia: prima o poi capiterà a noi di trovarci dalla parte del torto.

Perché ci si arrabbia poco con gli sconosciuti e con i semplici conoscenti? Il primo motivo è semplicemente statistico: frequentiamo gli estranei meno degli amici e quindi sono meno frequenti le occasioni di frustrazioni e di altri incidenti. Se escludiamo la guida nel traffico e le arrabbiature in automobile – che da sole però costituiscono la prima occasione di irritazione per i guidatori abituali – non abbiamo molto a che fare con persone sconosciute. Infatti è ovvio che le persone con cui spesso abbiamo a che fare dopo un po' non ci sono più estranee. È vero che gli sconosciuti che incontriamo per lavoro, specie in alcune attività di contatto con il pubblico, possono essere fonte di irritazione, ma se si è dietro lo sportello si possiede quel certo potere che protegge dalle «punture» degli utenti. È più facile che sia il cittadino normale ad arrabbiarsi nelle vicissitudini burocratiche e con il personale allo sportello, ma per fortuna per la maggior parte di noi non si tratta di un'attività abituale. Se però ci troviamo in situazioni di frequente contatto con i servizi pubblici o con le istituzioni – come ad esempio, durante il servizio militare o in occasione di una degenza ospedaliera – allora sì che gli sconosciuti che hanno potere su di noi sono quelli che ci possono fare irritare, spazientire, infuriare!

C'è poi una categoria di persone con cui ci si arrabbia più spesso del dovuto: sono le persone che in passato abbiamo trattato ingiustamente, quelle che avrebbero dei motivi per essere arrabbiate con noi. Eppure è stato osservato che accade proprio il contrario: sono gli ingiusti che si arrabbiano di più. Come spiegare questo fatto apparentemente paradossale? Già Seneca aveva detto che «quos laeserunt et oderunt», cioè pressappoco «chi offende non perdona». Gli studiosi della dissonanza cognitiva ne danno una spiegazione convincente. Secondo questa teoria, si tende a ricordare gli eventi in maniera selettiva, in modo che siano in accordo con quello che pensiamo in quel momento, e si tende ad agire in modo da giustificare ciò che già pensiamo della gente. Quindi, arrabbiandoci con una persona che avevamo trattato male in passato, senza saperlo rafforziamo l'idea che sia una persona da biasimare e che quindi non sia stato affatto sbagliato averla trattata male.

Infine, perché le persone che odiamo non ci fanno arrabbiare più di tanto, in media non più che nel 10% dei casi? Ancora una volta la prima ragione è legata alle circostanze. A meno che non si tratti di colleghi di lavoro o di persone della famiglia, noi non passiamo molto tempo in compagnia delle persone che odiamo e di conseguenza abbiamo meno occasioni di arrabbiarci con loro.

In secondo luogo, anche se l'antipatia, il risentimento, l'animosità o l'odio che sentiamo per alcune persone ci occupano la mente, e quindi siamo mal disposti verso qualunque loro azione, proprio a causa di questi sentimenti non ci attendiamo che essi facciano delle cose belle e giuste, né che siano attenti alle nostre esigenze, o che rispettino la nostra immagine pubblica.

Siamo talmente sulla difensiva che è difficile che ci stupiscano e dunque ci colpiscano a tradimento. Per questo è difficile che le loro azioni suscitino in noi una reazione emotiva. Non dimentichiamo infatti che l'emozione autentica è legata intrinsecamente alla sorpresa.

4. *La rabbia in azione*

Ch'i collerici fan le lor bisogne nette e spedite, là dove un paziente ha sempre mille intrichi e mille rogne.

Mons. Giovanni Della Casa, *Galateo*

La maggior parte della gente ammette di arrabbiarsi due o tre volte la settimana. Molte ricerche recenti studiano la rabbia attraverso i diari giornalieri, che sono tenuti con l'intento di registrare spesso e in tempi ravvicinati i propri stati emotivi. Si scopre da questi studi che la maggior parte della gente, se vive a contatto con altre persone, si arrabbia ben più di una volta al giorno. Quando poi si contano anche gli episodi di irritazione o di fastidio si arriva facilmente a tre o quattro volte al giorno.

Questi dati sono ricavati prevalentemente dalle autoanalisi e dai ricordi raccolti nei diari personali. Dalle non molte ricerche attendibili basate sull'osservazione diretta, sembra che le reazioni di rabbia siano ancora più numerose, e che, soprattutto in determinati ambienti e circostanze, siano quasi inevitabili. Gli ambienti a rischio non sono affatto insoliti o eccezionali: sono la casa, e specialmente la cucina dove si mangia, il posto di lavoro e l'automobile.

Quando ci si arrabbia si cerca quasi sempre di attenuare le manifestazioni, ma ci si riesce solo in parte e solo in un quarto dei casi. Quando si pensa di essere arrabbiati per una giusta causa, quasi tutti manifestano la loro emozione in un modo o nell'altro. Non sembra che vi sia una relazione diretta fra la gravità dei motivi di rabbia e la gravità delle reazioni. Sono piuttosto rilevanti i rapporti di potere fra le persone, le circostanze esterne e le caratteristiche individuali.

Nelle statistiche riportate, un peso notevole è dovuto alle differenze personali: vi è chi vive in un continuo stato di irritazione e chi è serenissimo. Ma ancora di più pesano le circostanze esterne: vi sono trappole (tipica è la circolazione stradale nelle ore di punta) nelle quali chiunque vi si trovi perde quasi sempre la pazienza, mentre vi sono luoghi dove arrabbiarsi è quasi impossibile, ad esempio in chiesa durante una funzione religiosa.

Quanto sono attendibili le autoanalisi e i resoconti di chi parla delle proprie arrabbiature? Non moltissimo e non completamente. Eppure da questi dati, che vanno poi controllati con altri mezzi, si ottengono informazioni preziose. Cominciamo dall'aspetto complessivo del vissuto. Quasi tutti coloro che descrivono i propri comportamenti quando sono arrabbiati affermano di aver fatto o molto più o molto meno di quello che sentivano di fare. Nel primo caso abbiamo l'atteggiamento che chiameremo del «si salvi chi può». Chi si arrabbia agisce come in una specie di trance, non si sente pienamente autore né responsabile delle sue azioni, fa delle cose che il suo io normale non avrebbe mai voluto fare, o che comunque avrebbe fatto solo protetto dalla totale impunità, oppure solo in modo simbolico. In questo stato si può amputare o addirittura strozzare qualcuno, in preda a una forma di attacco imprevedibile per il suo stesso autore. La rabbia quasi miracolosamente autorizza e rende già compiuto un desiderio feroce e primitivo e dà alla persona furiosa i mezzi energetici e cognitivi per tali azioni. In tale stato di possessione non si pensa alle conseguenze, non ci si mette dal punto di vista dell'altro, non si considera l'offesa nelle giuste proporzioni. In questo senso la rabbia sembra essere la più infantile e magica delle emozioni.

È difficile però affermare che la persona arrabbiata sia totalmente posseduta dalla sua passione e per ciò stesso incapace di intendere e di volere, come sostengono spesso gli avvocati che difendono gli assassini e i violenti. L'atteggiamento del «si salvi chi può» incappa infatti in una seria contraddizione: se le cose stessero davvero così, ci si arrabbierebbe in misura proporzionata alle provocazioni sia con i potenti che con i deboli, in casa e fuori casa, con gli sconosciuti e con gli amici. Invece ci si arrabbia assai più spesso quando si sa che non si corrono rischi, a casa piuttosto che al lavoro, con i piccoli e non con i potenti, con le donne e con i vecchi piuttosto che con uomini forzuti irascibili, quando si è protetti nella propria auto piuttosto che quando si cammina sul marciapiede. Inoltre fra il vissuto emotivo, l'espressione facciale e i comportamenti di differenza ce ne corre, eccome!

A mio parere, questa discrepanza strategica fra espressione e comportamento costituisce un'interessante formazione di compromesso: quando non possiamo permetterci di tradurre integralmente in azione i nostri desideri di violenza e di sopraffazione, teniamo a freno la rabbia dei comportamenti e modifichiamo solo in parte l'espressività del viso. In tal modo abbiamo ottenuto di far capire all'esterno quali sono i nostri sentimenti, trasmettendo quindi l'intensità dei desideri, dello sdegno, della disapprovazione e anche del rischio che corre chi ci fa arrabbiare. Moderando o azzerando il comportamento ostile ci siamo però messi al sicuro dalle reazioni ai nostri attacchi: pur manifestando espressivamente la nostra violenza non ci siamo messi, come si dice, dalla parte del torto sbraitando o menando colpi.

Tutte le ricerche comunque confermano un dato di esperienza comune, e cioè che la propria rabbia è quasi sempre tenuta a freno, soprattutto nei comportamenti più vistosi e dannosi. Al limite vi è l'atteggiamento decisamente opposto al precedente, che chiameremo dell'«imbottigliamento». Chi si arrabbia sente di avere il viso in fiamme e gli occhi che escono dalle orbite, crede di essere sul punto di strozzarsi, mentre una grandissima forza e tensione gonfia i muscoli. Sente che vorrebbe e potrebbe fare sfracelli, eppure è come paralizzato. Anche le parole non riescono a passare dalla gola e quelle che vengono fuori non sono mai quelle che avrebbe voluto pronunciare. Non riconosce la sua voce incerta, né i suoi gesti tremanti. Quelli che provano questa esperienza sono talvolta persone introverse e poco sicure dei propri diritti e dei propri mezzi. Ma la stessa paralisi potrebbe capitare a chiunque, se si trovasse a essere offeso in una situazione nuova e pericolosa, oppure se fosse da solo in mezzo a estranei minacciosi. L'imbottigliamento della rabbia quindi non è segno di una rabbia inferiore, ma conferma che quando ci arrabbiamo non cambiamo natura né dimentichiamo o trascuriamo dove siamo e con chi siamo.

Il volto dell'ira

Quando si è arrabbiati tutto il corpo si modifica. In particolare, il viso cambia e assume un'espressione caratteristica, riconoscibile dai bambini anche piccolissimi, dagli adulti in molto meno di un secondo, simile a tutte le latitudini e fra tutti i popoli della terra. Com'è questa faccia, e perché è tanto riconoscibile? La qualità forse più vistosa dell'espressione di rabbia sono i denti che appaiono dalla bocca spalancata, denti che negli esseri umani sono raramente usati per aggredire, ma che in molti altri animali sono l'arma più pericolosa. I denti si vedono più del solito, e anche si sentono, in quel caratteristico suono che fanno quando vengono a contatto urtando gli uni con gli altri, uno stridore chiamato appunto «digrignare di denti». Se quasi mai i denti degli umani attaccano il bersaglio dell'ira, accade però non di rado che l'arrabbiato, in sostituzione, si morda le mani e le labbra.

A proposito delle espressioni tipiche dell'ira, va ricordato un fatto poco conosciuto, curioso e forse significativo: il reale pericolo costituito dal morso umano. Inaspettatamente, il morso dell'uomo risulta molto più pericoloso di quello di altri mammiferi perché fortemente infettivo. Infatti gli esseri umani possono trasmettere con la saliva e attraverso i tessuti lacerati dai denti molte malattie, compresa la rabbia. Dunque il digrignare i denti, minacciando o mimando un assalto, costituisce una minaccia realmente preoccupante. Ed è certo che esiste l'impulso a mordere gli altri e anche se stessi. Non dimentichiamo che nell'inferno dantesco gli iracondi erano condannati a mordersi l'un l'altro.

Negli umani comunque la bocca è spalancata anche per un altro motivo: quando ci si arrabbia si parla, anzi di solito si urla. La voce infatti aumenta di volume e di intensità, si fa a volte stridula, altre volte baritonale. Sempre si notano marcate irregolarità, sia nell'emissione dei suoni sia nel tipo di linguaggio, che può essere nello stesso tempo torrentizio e balbettante. Il respiro è affannoso, irregolare, tumultuoso e con dei vuoti che fanno pensare all'apnea. La voce talvolta si rompe per lo sforzo e per l'ingorgo di energia, talvolta sembra soffocata dalla stessa forza che vuole esprimere. Tutto il quadro è segnato da un'enorme energia, che si esprime però a scoppi, sembra quasi con difficoltà, come se venisse attorcigliata su se stessa dal suo stesso impeto e dalle spinte contraddittorie ad agire e a controllarsi.

Un'altra caratteristica tipica sono le modificazioni della parte superiore del viso. Le sopracciglia sono aggrottate, cioè ravvicinate e quasi unite al centro, mentre la fronte viene segnata da profonde e numerose rughe orizzontali. Lo psicologo californiano Paul Ekman, che ha studiato analiticamente le espressioni facciali delle emozioni, elenca dettagliatamente i muscoli del viso che possono essere interessati nella tipica espressione della rabbia (questi sono i più frequenti: *depressor glabellae*, *depressor supercilii*, *corrugator*, *levator palpebrae superioris*, *orbicularis oculi*, *pars palebralis*, *levator labii superioris*, *caput infraorbitalis*).

Oltre la posizione dei muscoli, anche il colore di tutto il viso cambia, e in modo drammatico. Dall'attaccatura dei capelli – o dalla fronte per i calvi – giù fino al collo si sparge una sfumatura rosso acceso, con macchie ancora più vistose color vino. L'ondata di sangue al volto fa sì che i capillari si accentuino, che le mucose a vista, come labbra e narici, diventino di un bel rosso brillante, simili a quelle del pesce quando è fresco. Gli occhi si accendono, diventano brillanti e protrudono dalle orbite. Il bianco attorno all'iride si macchia di venuzze rosse e talvolta sgorga qualche lacrima. Lo sguardo diventa intensissimo e si concentra sulla persona che è oggetto, o per meglio dire, bersaglio della rabbia. Per chi si trova di fronte una persona arrabbiata, la configurazione del suo viso è così pregnante che, se per descriverla si richiedono molte parole, per disegnarla invece bastano pochi tratti; eccola.

FIG. 1. Il volto dell'ira.

Al fatto che questa espressione facciale sia così facile da schematizzare corrisponde la sua riconoscibilità universale. Come si è appena detto, la faccia della rabbia è identica in tutti i popoli studiati; questa universalità è comune anche ad altre emozioni, come la sorpresa, la paura, la gioia e il disgusto. Secondo Paul Ekman si tratta di una proprietà tipica di queste emozioni, che egli ha definito *primarie* o *fondamentali*. Il loro manifestarsi in modi identici in tutte le culture umane sarebbe una prova della loro importanza evolutiva. Perché il viso della rabbia viene identificato precocemente e rapidissimamente da tutti, adulti e infanti, europei e abitanti delle zone più isolate della terra, e perfino da chi, cieco dalla nascita, ha appena acquistato la vista? La ragione è che la rabbia è un'emozione potente, che induce all'azione; quindi il «viso dell'arme» fa prevedere una persona ostile che è pronta a compire azioni aggressive, potenzialmente pericolose, se non letali. È dunque della massima importanza sapere al più presto possibile se una persona è arrabbiata, così come d'altra parte è ugualmente importante capire se un animale è pericoloso o se un cibo è dannoso. A questo punto risulta chiarissimo perché nell'evoluzione umana sia stata selezionata la capacità di individuare senza esitazioni l'espressione di rabbia nel viso, che è il punto dove si concentra fin dalle prime ore di vita l'attenzione focale dello sguardo.

Nell'arte occidentale l'ira, insieme agli altri vizi capitali, è stata raffigurata innumerevoli volte. Di solito ha l'aspetto di una donna, ma credo che ciò dipenda dal genere femminile del sostantivo che la indica nelle lingue romanze. Infatti, la rabbia non sembra essere una reazione tipicamente femminile, anzi viene generalmente considerata più frequente e più giusta se vissuta da un uomo. Giotto, nella cappella degli Scrovegni a Padova, la descrive come una donna il cui viso è deformato da un'orribile smorfia, che si lacera le vesti e mostra il seno. Fra le raffigurazioni un po' diverse dal solito è impressionante l'iconografia del Tramater nella quale la collera è personificata da un giovane con occhi ardenti e carnagione gialla, vestito di un abito color di fuoco, mentre tiene in una mano una spada nuda e nell'altra uno scudo, sul quale sono rappresentate la testa di un leone e quella di una tigre. La novità riguarda soprattutto il colore giallo del volto; infatti in quasi tutte le descrizioni e le personificazioni la rabbia ha il volto paonazzo e il rosso è il colore unanimemente associato all'ira. Un'altra associazione, comprensibile perché trae motivo da quanto si osserva nella realtà, è l'agitare o anche soltanto lo stringere i pugni in un gesto di minaccia. Questi gesti sono così legati all'emozione di rabbia che sono stati spesso osservati in persone arrabbiate che si trovano da sole.

Molte funzioni fisiologiche, sulle quali non abbiamo nessun controllo, subiscono dei cambiamenti rilevanti durante un attacco di rabbia. Qui elenchiamo quelle che a livello soggettivo sono più comunemente percepite e considerate spiacevoli e preoccupanti:

- respirazione accelerata e irregolare;
- calore e aumento della sudorazione;
- battito cardiaco più frequente e irregolare;
- senso di irrequietezza;
- tensione dei muscoli degli arti;
- dolore alla schiena;
- mal di testa;
- tremito alle mani;
- la voce strozzata;
- balbettio;
- deglutizione difficoltosa;
- contrazione e bruciori allo stomaco.

Ovviamente questi malesseri fisici non vengono rilevati spontaneamente da tutte le persone, ma tutti quelli ai quali è stata sottoposta questa lista riconoscono di averne provato diversi almeno una volta. E voi cosa ne pensate? Potete provare adesso a esaminarvi.

Segnali di rabbia

Abbiamo visto il volto dell'ira, una configurazione tipica e, a quanto pare, inconfondibile. Anche il corpo presenta dei segni che denunciano, comunicano e trasmettono questa emozione, ma per quanto vistosi non sono così univoci e prevedibili.

L'energia prodotta dalla rabbia porta a dei movimenti continui e talvolta poco coordinati. Il comportamento più tipico è quello di muoversi verso il bersaglio: l'arrabbiato infatti si avvicina all'altro con un atteggiamento caratteristico detto un «fare minaccioso». Avvicinarsi a un altro in realtà può essere sia un segno amichevole, di desiderio sessuale o di affetto, sia l'anticipazione di un attacco. Quando ci si avvicina con fare minaccioso il movimento è però più brusco, gli occhi sono fissi sul volto dell'altro, il gesto è come uno scatto. Ma a rivelare in modo inequivocabile le intenzioni di colui che si avvicina sono l'espressione del viso e altri segni, come la voce. L'ambiguità fra l'avvicinarsi con intenzioni amichevoli e farlo con intenzioni ostili è possibile soltanto in casi particolari, se non entra in gioco l'espressione umana. Può succedere ad esempio in automobile, quando farsi molto vicino a un'altra auto suonando il clacson può essere sia il segno del riconoscimento da parte di un amico, che un avvertimento ostile e una minaccia.

Un altro segno comportamentale della rabbia può essere, al contrario, la segnalazione di voler interrompere completamente e in modo brusco i rapporti con l'altro. Si manifesta distogliendo o evitando lo sguardo, con un ostinato mutismo, il rifiuto a rispondere a domande e a riprendere la conversazione. Questo atteggiamento vorrebbe significare un'interruzione dei rapporti e della comunicazione stessa. Ma poiché la comunicazione per sua natura non può cessare finché le due persone restano nello stesso ambiente, e precisamente finché c'è un reciproco contatto percettivo, quello che si comunica è un atteggiamento chiamato di solito «mettere il broncio» oppure «fare il muso». Quando si vuole cessare la comunicazione su un tono ostile, allora ci si allontana bruscamente voltando all'altro le spalle, oppure, se si è in un ambiente chiuso, uscendo dalla stanza e chiudendo fragorosamente la porta o ancora, se si è al telefono, chiudendo la conversazione senza le usuali formule di saluto (e in questo caso si dice «sbattendo il telefono in faccia»). Oltre a questi movimenti diretti verso il bersaglio dell'ira nella direzione opposta, la persona arrabbiata si muove in modo disordinato in tutte le direzioni, si agita sulla sedia, cammina attorno al tavolo, si torce le mani, tormenta i vestiti, le tende, la tovaglia, i tovaglioli, i vestiti, i cuscini. Nelle rappresentazioni teatrali e cinematografiche della rabbia, la si vede che rompe piatti e bicchieri, e non è detto che, anche per imitazione, non lo si faccia spesso anche nelle nostre case.

Le persone arrabbiate si riconoscono immediatamente, oltre che dalla loro espressione e dalla loro voce, anche da quello che dicono. Le parole di rabbia che si pronunciano con la massima frequenza sono imprecazioni, bestemmie per credenti e non credenti, frasi tronche, ellittiche, dialettali, coprolaliche (cioè che nominano gli escrementi), a sfondo sessuale dirette al malcapitato e alla madre. Non mancano auspici e invocazioni di sventure e malanni, nonché minacce fragorose e iperboliche. Non ne do una lista e neppure degli esempi. Tutti conosciamo un buon numero di queste espressioni. Sono stati perfino pubblicati dei manuali di insulti, in italiano e nei vari dialetti, perché quando siamo calmi, o soprattutto quando non siamo coinvolti dalle rabbie altrui, queste espressioni fanno ridere.

Anche quando non si impreca e non si insulta, il linguaggio dell'arrabbiato assume forme tipiche, segue una sorta di «sgrammatica» dell'ira. Anche se non ci si conosce affatto, quando si aggredisce verbalmente qualcuno gli si dà direttamente del tu («ma non hai visto che ho messo la freccia?», «non urtare!»). Si usano frasi brevi e imperative («fòttiti»), si trascurano i congiuntivi («se non vieni è meglio») e le parole a bassa frequenza («dov'hai messo quel cazzo di coso?»), si fa ricorso a espressioni gergali («molla l'osso»), insomma non ci si preoccupa affatto delle regole grammaticali e del bello stile. Con un'eccezione: quando si sceglie di esprimere la rabbia attraverso la freddezza e il sarcasmo, allora ci si può armare di un linguaggio freddo, formale e arcaico, scelto proprio per sottolineare uno stato di guerra fredda: «quando avrai concluso con le tue puerili recriminazioni, fammelo sapere». Ci vuole però l'interlocutore adatto per essere sicuri che frecciate di questo tipo giungano a segno.

Veniamo ai comportamenti propriamente detti, cioè le azioni, le frasi, le reazioni macroscopiche, quelle che si notano, si ricordano, si raccontano. La prima cosa da sapere, interessante perché forse inaspettata, è che circa nel 40% dei casi le reazioni di rabbia sono esclusivamente verbali, in una buona metà dei casi si fanno dei movimenti bruschi per lo più inconsulti, mentre solo in una minuscola minoranza di casi si passa direttamente all'aggressione fisica. Facendo una stima fra le varie fonti, sembra che questi gesti non siano più del 2% e che siano compiuti in casi di forti arrabbiature a cui seguono botte, rotture di suppellettili, il cozzare di automobili o l'uso di oggetti a scopo offensivo.

Un'altra caratteristica delle azioni rabbiose è quella di essere annunciate, e di avere non di rado un valore simbolico, come il pugno calato fragorosamente sul tavolo o i piatti fracassati. Infatti si dà quasi sempre il caso che prima di un pugno, di uno schiaffo o di uno scappellotto vengano le minacce di farlo, come se la persona arrabbiata cercasse di scongiurare le proprie reazioni violente mettendo in guardia la sua vittima. Oppure come se entrambe le persone coinvolte sperassero di limitare le manifestazioni di rabbia, sostituendole con l'enunciazione verbale delle azioni che si vorrebbero compiere.

Quello che segue è un esempio di scambio verbale che prefigura una violenza fisica, ma che poi di fatto la sostituisce con la sua espressione verbale.

– Se non te ne vai subito a letto ti prendi un bello schiaffo
– No
– Ti prendi uno schiaffone
– Tu ti prendi uno schiaffone
– Guarda che te lo dico per l'ultima volta
– È sempre l'ultima volta

Se ci limitiamo alle azioni minute, che potrebbero quasi passare sotto silenzio (se l'altro, ad esempio, preferisce far finta di niente per non suscitare un diverbio), si può affermare che in generale chi è arrabbiato infrange volontariamente e sistematicamente le regole del galateo con i gesti, con le parole e con i fatti, quando si trova ad avere a che fare con la persona a cui vuole essere ostile.

Ci sono poi le azioni bellicose che si esprimono in negativo, con una sorta di meccanismo della sottrazione piuttosto che con l'aumento: sono i gesti di ostruzionismo. Possono essere delle smaccate omissioni di azioni concordate, come rifiutarsi di continuare a lavorare insieme, rifiutarsi di innaffiare le piante, di pagare la contravvenzione, di telefonare alla suocera, ecc. Anche rifiutarsi di compiere azioni utili a se stessi, quindi assolutamente non collaborative, può essere un modo per colpire l'altro quando si è arrabbiati. Lo si fa rifiutandosi di parlare, di mangiare e ancor più di sedersi a tavola, di vestirsi, di uscire dalla stanza. In questi comportamenti si ritrova l'atteggiamento tipico dei bambini che lottano per non mangiare, non dormire, non sedersi sul vasino, durante quel periodo di opposizione agli adulti che si manifesta comunemente fra i due e i tre anni.

Passando alle azioni più propriamente violente, la prima cosa da sapere è che sono in gran parte prevedibili, sia tenendo presente come la persona arrabbiata si è comportata in passato, sia conoscendo il luogo dove si svolge l'azione. Le persone arrabbiate hanno un loro modo caratteristico di esprimere l'ira, che non cambia significativamente col cambiare delle loro vittime, se le circostanze e i rapporti restano gli stessi. In altre parole, un marito violento lo sarà anche con una moglie diversa, e potrebbe diventare ugualmente violento sia per piccoli incidenti che per questioni serie. La violenza di fatto diventa una modalità di comunicazione, quasi un'abitudine nel rapporto con figli, conviventi, persone tenute in custodia, pazienti, ospiti di case di cura ecc.

Un altro elemento di prevedibilità è dato dalle circostanze esterne. Dicevamo che il luogo ha un certo peso nel determinare ciò che farà la persona arrabbiata che diventa violenta. Se vicino c'è un balcone, getterà degli oggetti fuori dal balcone, se è vicino all'acqua li getterà in acqua, se a portata di mano ci sono cose fragili le spaccherà, se sono pesanti le sbatterà violentemente sul tavolo o sul muro. Se poi si è arrivati all'aggressione fisica, è la disponibilità degli oggetti a decidere quale sarà il tipo di violenza: un oggetto pesante può finire sulla testa, un coltello infilzare e tagliare, un'arma sparare.

Da statistiche europee, per quanto parziali e incomplete, emerge un dato netto e sconvolgente: quasi il 90% delle ferite gravi e degli omicidi sono causati da armi da fuoco e i colpevoli sono uomini che possedevano l'arma legalmente, per motivi legati alle loro attività attuali o passate. Si trattava di militari o ex militari, cacciatori, guardie giurate, portavalori, sorveglianti e così via; uomini che avevano un porto d'armi e che le armi le portavano davvero, e che avevano anche i proiettili a disposizione, se non addirittura in canna. Considerando poi che la percentuale di ferimenti e di omicidi premeditati, sia a opera di uomini che di donne, è bassissima, sembra meno del 5%, si arriva a una conclusione lapalissiana: se le armi non fossero state disponibili non avrebbero sparato. È un argomento decisivo contro la diffusione di armi da fuoco. Chi si trovi a possederne e a doverle maneggiare a causa della sua attività, deve seguire una regola ferrea: in caso di collera, scaricare le munizioni. Anzi sarebbe meglio che se qualcuno si arrabbia l'arma sia il primo oggetto a finire in mare. Queste ultime statistiche non tengono conto della criminalità comune, le cui attività hanno poco a che fare con la rabbia. Eppure la pericolosissima tendenza attuale a difendersi da sé, usando le armi contro ladri e rapinatori, ha portato a un forte aumento di ferimenti e omicidi di malviventi da parte di privati cittadini, che agiscono sotto l'influsso di un micidiale intreccio di paura e rabbia.

Il passaggio dalle reazioni piccole a quelle grandi non ha luogo in modo impercettibile e graduale, ma piuttosto a gradini, cioè superando dei passaggi significativi, compiendo il giro di boa di azioni che alzano il livello dello scontro. Esempio: il passaggio dagli insulti alle botte, dalle botte a mani nude all'uso di oggetti, dalle armi improprie alle armi proprie. Di solito, in una relazione personale si sceglie di fermarsi a un dato stadio nella progressione di violenza, normalmente a quello verbale. Se però una volta lo si supera, passando all'attacco fisico, da quel momento in poi è molto più probabile che nei successivi episodi di rabbia quella persona arrivi più facilmente alle vie di fatto.

In sintesi, quando ci si arrabbia si possono avere delle reazioni apertamente aggressive verso le persone, come gridare, strattonare, colpire ecc. e verso le cose, che simboleggiano le persone, oppure verso le cose in sé, quando sono esse stesse causa di frustrazione, come percuotere, rompere, buttare ecc. Vi sono poi delle reazioni ostili in modo indiretto, cioè reazioni difensive e di evitamento, come sfuggire lo sguardo, non parlare e non rispondere, allontanarsi, interrompere il rapporto. Dall'insieme degli studi non si può dire con certezza quale tipo di risposte sia dominante. Si sa invece che nella nostra cultura prevalgono i modi di reazione verbale, sia nella forma aggressiva sia in quella di evitamento. Si sa inoltre che ciascun individuo ha la tendenza a reagire con modalità proprie e idiosincratiche anche a provocazioni di qualità e di gravità molto diverse.

Ci sono due modi per interpretare i comportamenti delle persone arrabbiate. Alcuni psicologi sostengono che si tratta di reazioni che derivano dal nostro retaggio biologico di animali che per difendersi e per impaurire l'aggressore mostrano i denti, ruggiscono, rizzano il pelo e non esitano ad aggredire a loro volta. Questa tesi sostiene dunque che chi si arrabbia ha un'espressione facciale primitiva e delle reazioni che sono in parte simboliche e in parte una manifestazione esagerata di ciò che effettivamente si prova, un residuo delle reazioni tipiche degli altri animali o degli uomini primitivi. Semplificando, chiameremo questa la «posizione biologica». La tesi opposta sostiene che le manifestazioni di rabbia costituiscono dei mezzi molto efficaci e sofisticati per negoziare i rapporti sociali. Secondo gli psicologi che sostengono questa posizione arrabbiarsi significa impersonare un ruolo sociale transitorio che permette di ottenere degli effetti comunicativi speciali. Ad esempio, le particolarità espressive delle persone arrabbiate danno la misura di quanto stia loro a cuore l'argomento in gioco, dicono quali sono i legami interpersonali bersaglio dell'ira, quanto grande sia il peso dei vari aspetti del discorso. Chiamiamo questa la «posizione sociale».

La differenza fra le due posizioni può essere così sintetizzata. Secondo la posizione biologica, la rabbia è quasi sempre disfunzionale sul piano sociale; è determinata dall'istinto; non si impara ma si attiva meccanicamente; le sue funzioni hanno poca o nessuna importanza. Secondo la posizione sociale invece, anche se l'energia prodotta dalla rabbia è di origine istintuale, essa viene impiegata in modo adattivo; la rabbia può essere considerata come un modo per risolvere dei problemi, ad esempio il problema di ottenere i propri scopi pur salvando l'interazione; le modalità delle reazioni di rabbia si apprendono e sono funzionali.

La rabbia nei pensieri

Il modo di pensare delle persone arrabbiate ha caratteristiche ricorrenti, anche se queste non possono essere descritte con la stessa ricchezza e precisione delle espressioni facciali e dei comportamenti. La cosa che si pensa più di frequente è che non si capisce perché succede quello che succede e che ci manda in bestia: «perché non riesce a essere puntuale?», «perché non vuole capire quello che gli dico?», «perché non lascia stare la mia scrivania e si intestardisce a fare ordine, e io poi non trovo più niente?». Queste possono apparire come domande retoriche, ma in realtà quando ci si arrabbia è anche perché il comportamento dell'altro diventa per noi un enigma, oltre che uno scoglio insormontabile se affrontato con i normali mezzi di richiesta e di persuasione. La cosa sulla quale il pensiero si attorciglia è l'incapacità di conciliare ciò che si sa della situazione e della persona coinvolta con ciò che invece si è costretti a vedere e a sopportare. Altre volte la frustrazione di vedere insoddisfatta la richiesta di qualcosa che appare scontato.

Il pensiero però più frequente sta a metà strada fra il progetto e la fantasticheria e rappresenta il danno che si vuole infliggere alla persona con cui siamo arrabbiati. Si pensa di vendicarsi in modo sadico infliggendole delle ferite, si immagina che essa subisca delle umiliazioni pubbliche, che si ammali, che muoia anche per cause naturali, ci si vede nell'atto di leggere il suo necrologio fingendo un convenzionale dispiacere. Oppure, e queste sembrano le fantasie più soddisfacenti, si costruisce un teatro nel quale noi siamo i protagonisti, veniamo ricoperti di onori e di gloria, mentre la persona con cui siamo arrabbiati assiste al nostro trionfo e si rode dall'invidia. Quando ci si affeziona a queste fantasie, talvolta si ripercorrono le circostanze in cui si è subita l'offesa, in modo da rinfrescare le frustrazioni e ricaricarsi di altra energia.

A parte questi pensieri che si collocano nel futuro e somigliano molto a dei sogni a occhi aperti, la rabbia ci tiene incollati al presente. Tutti i nostri pensieri, così come i nostri sensi, sono concentrati su un evento, su una persona, sulla frustrazione o l'ingiustizia che stiamo subendo. Questo restringimento cognitivo su un oggetto di massimo interesse ha come conseguenza dei fenomeni di illusione temporale, che possono trarci in inganno circa il passare del tempo. In altre parole, si crede che un attacco di rabbia sia durato molto tempo, mentre sono trascorsi solo pochi minuti, cioè l'intensità del vissuto porta a una dilatazione anche temporale dell'esperienza. Si dà anche il fenomeno contrario, dovuto quasi a una sospensione della coscienza ordinaria. Questo però è meno frequente per le arrabbiature di piccola e media intensità. Fra gli aspetti cognitivi dell'irritazione, ricordiamo anche quello che è stato chiamato l'*esprit de l'éscalier*, cioè lo spirito delle scale. Si tratta di quella battuta o quella frase pungente e brillante che viene in mente quando ci si trova ormai sulle scale, mentre purtroppo al momento buono non avevamo saputo ribattere a una critica, né ricambiare uno scherzo un po' maligno.

Durante un eccesso di rabbia modifichiamo non solo l'espressione del viso e altri comportamenti osservabili, ma l'intero atteggiamento, quello che abbiamo chiamato il nostro ruolo sociale. Questi cambiamenti sono in parte volontari e in parte automatici e non sempre quando siamo arrabbiati ci rendiamo conto dell'entità delle nostre reazioni e di come le persone dall'esterno le percepiscono.

Ecco due descrizioni di un episodio di rabbia raccolte al registratore una decina di minuti dopo l'evento. La prima è fatta dalla persona che si è arrabbiata (*A*), la seconda da chi è stato «vittima» della rabbia (*B*).

A: Ho visto che aveva infilato la cassetta al contrario e gli ho detto: «Ma perché fai cose che non sai fare? Adesso è un guaio, lo sai tu come si fa per tirarla fuori? No, non metterci le mani che fai peggio!». Ero un po' seccato, ma non lo sgridavo, semplicemente non riuscivo a capacitarmi di come avesse fatto una cosa così stupida.

B: Appena si è accorto che avevo infilato la cassetta al contrario si è messo a gridare che ero uno stupido, che non dovevo fare niente ma chiamare sempre lui, che non dovevo più toccare il registratore, e cose così. Era diventato tutto rosso e ripeteva sempre le stesse cose.

Non sempre però chi si arrabbia tende a minimizzare l'impatto delle sue reazioni sugli altri. Altre volte succede il contrario, come nel caso seguente. Anche questa volta si tratta di due resoconti dello stesso incidente, registrati pochissimo tempo dopo.

Ho perso la testa. Non trovavo più il portafoglio. Luisa era uscita dal capanno lasciando la porta aperta, con tutti quei marocchini in giro. Sono stato villano, le ho gridato che doveva fare più attenzione, mentre proprio non avrei voluto alzare la voce. Tanto più che poi il portafoglio l'avevo nascosto io dentro una scarpa.

Carlo si è comportato in modo un po' infantile. Con i suoi pregiudizi appena ha visto un ambulante in spiaggia si è precipitato a cercare il portafoglio. Siccome si era dimenticato di averlo messo nella scarpa, ha subito pensato che glielo avessero rubato. Gli sta bene, si è agitato per niente.

Due domande. Da cosa può dipendere questa discrepanza fra l'autopercezione e la percezione dell'altro? Perché in certi casi chi si arrabbia sottovaluta la sua espressività, mentre altre volte la sopravvaluta? Alla prima domanda è difficile dare una risposta soddisfacente: il fatto è che la capacità di percepire correttamente in che modo si manifestano le proprie emozioni dipende dal grado di competenza emotiva dei singoli individui. Analogamente, la capacità di leggere in modo corretto gli stati emotivi di chi ci sta di fronte è un altro aspetto della competenza emotiva, variabile da persona a persona. Quindi fra due persone che hanno un alto grado di competenza emotiva vi sarà un alto grado di accordo fra l'autopercezione e l'eteropercezione. In generale però, quando le emozioni comportano un forte grado di attivazione del sistema nervoso autonomo, cioè si accompagnano a sensazioni fisiche interne che sfuggono all'osservatore, l'autopercezione dei segni di emozione sopravanza l'eteropercezione.

Veniamo alla seconda domanda e in particolare alle discrepanze che si verificano nel caso dell'espressione della rabbia. Si tratta di un'emozione che consciamente si vuole tenere a freno, perché danneggia le relazioni interpersonali ed è giudicata negativamente sul piano sociale. È quindi più probabile che la persona arrabbiata tenda a non percepire esattamente e a sottovalutare l'impatto negativo della propria espressione irata e che soprattutto non ricordi esattamente le parole offensive pronunciate in modo impulsivo e spesso senza aderire completamente al loro significato letterale. Non è un caso che le persone arrabbiate dopo una sfuriata si scusino dicendo: «non sapevo quello che dicevo» oppure «non volevo affatto offenderti» o anche «non mi sono affatto accorto di gridare». È quindi la persona che tendenzialmente controlla poco la sua rabbia che tende a sottovalutarne l'impatto, mentre la vittima può da parte sua percepire in modo accentuato la sgradevolezza perché la misura in base alla propria sensibilità o dignità ferita.

Il caso contrario è meno frequente, ma più interessante. Riguarda persone che sono abituate a una forte consapevolezza del proprio stato emotivo interno e che hanno un buon controllo esterno della propria emotività – parliamo qui di altre due abilità che fanno parte della competenza emotiva. Pur arrabbiandosi, queste persone sono in grado di moderare le loro espressioni di rabbia, sia nell'espressione del viso, sia negli altri comportamenti. Essendo però adeguatamente informate del loro stato interno, si aspettano che il loro turbamento emotivo traspaia anche all'esterno, in pratica non sottovalutano la loro emotività, ma piuttosto non valutano appieno la capacità che hanno di controllarla.

Arpie e giustizieri: la rabbia degli uomini e delle donne

Scriveva nel XVI secolo Giulio Cesare Croce: «La donna irata, la fiamma impicciata e la padella forata sono di gran danno nella casa». Non è certo un pensiero originale. Possiamo risalire ancora più indietro nel tempo, oppure arrivare fino al presente, ma la musica non cambia. Ci sono frasi fatte, proverbi, maioliche dipinte e ritornelli che ci ripetono che le donne arrabbiate sono una disgrazia e tradiscono la loro femminilità. Già, per chi non lo ricordasse: le donne apparterrebbero di diritto – ma soprattutto per dovere – al gentil sesso, e anche al sesso debole. Quindi farebbero bene a mostrarsi miti, soavi e pazienti, a non rintuzzare gli attacchi, e mai – per l'amor di dio – attaccare briga per prime.

Sono ben diverse infatti le parole che descrivono le arrabbiature negli uomini e nelle donne. Una donna arrabbiata è un'arpia, una megera, una strega, una bisbetica, una santippe, un'isterica; non grida o urla, ma piuttosto strilla o sbraita; se risponde a chi la provoca è petulante. In siciliano una donna che risponde a tono o rimbecca si dice *rispunnera*, che letteralmente significa «colei che risponde», ma ha un connotato negativo e manca dell'equivalente maschile. Gli uomini che non rispondono a tono quando sono provocati non hanno un nome specifico, però si guadagnerebbero un epiteto infamante se non lo facessero. Sempre in Sicilia, una donna che litiga viene chiamata *curtigghiara*, cioè una che strilla nei cortili, cioè ancora una volta un termine dispregiativo e diminutivo. Un uomo arrabbiato può essere descritto con le parole che Giovanni Boccaccio usa per Filippo Argenti «uomo nerboruto e forte, sdegnoso e iracundo». L'uomo è più facilmente dipinto come un giustiziere, un prepotente, un rodomonte, un facinoroso; la sua rabbia potrà essere definita cervellotica e viscerale, non mai uterina. Quest'ultimo termine è usato per spregio, non per fedeltà all'anatomia, tanto è vero che «incazzata» si dice anche di una donna. Inoltre, per descrivere le donne arrabbiate si usano spesso gli stessi termini che si appioppano anche ai bambini: strillano, fanno i capricci, mettono su il muso, frignano e piagnucolano, sono dispettose, insubordinate e querimoniose.

È comunque un luogo comune che nella nostra cultura le

donne esprimono meno la rabbia, forse proprio per questa antica e diffusa disapprovazione sociale. Ma che cosa c'è di vero in questa generalizzazione? Dunque, come si diceva, la prima differenza è nella diversa accettazione della rabbia maschile e femminile, sia da parte degli uomini che da parte delle donne. Le donne che si arrabbiano spesso, considerano questo un loro problema e se ne lamentano con le amiche, ne parlano con gli psicologi, addirittura frequentano corsi per imparare a controllare la loro rabbia. Non sembra che vi sia fra gli uomini un'analoga preoccupazione. Inoltre, da quando è aumentata la presenza femminile nelle professioni di controllo e di autorità, si è aggiornato il vecchio stereotipo della professoressa di matematica, che per definizione era un'arpia. Adesso sono le poliziotte e le donne vigili a fare le spese dei pregiudizi, sono infatti considerate più severe e inflessibili dei loro colleghi. Ciò, a mio giudizio, è un effetto di contrasto rispetto allo stereotipo di una donna che deve mostrarsi «dolce» in ogni situazione, cioè indulgente, accomodante, in una parola sottomessa.

Dal punto di vista dell'esperienza vissuta, le differenze fra gli uomini e le donne non sono tanto nell'intensità e nella frequenza delle loro arrabbiature, quanto nei modi e nelle circostanze delle rispettive manifestazioni. Le donne dicono di arrabbiarsi per le piccole contrarietà quotidiane come e più degli uomini; certamente si arrabbiano con i figli e con il marito non meno di quanto non facciano gli uomini con la moglie o con gli stessi figli. Anche nei luoghi di lavoro, scuole, uffici e fabbriche, le donne e gli uomini si sentono in ugual misura irritati, frustrati, provocati. Le differenze che ci sono si vedono soprattutto nel comportamento: non solo le mamme e le mogli e tutte le lavoratrici si arrabbiano meno apertamente, ma si arrabbiano in modo diverso. Nelle espressioni del viso così come nel tono della voce e nella postura, la donna arrabbiata mostra meno dell'uomo il suo stato emotivo. In media, tende a interrompere il contatto oculare e a evitare il dialogo, piuttosto che a esprimere energicamente il proprio dissenso. Le donne molto più degli uomini piangono di rabbia e si sentono colpevoli, sia per la rabbia sia per il fatto di non saper reagire adeguatamente. È nel modo di manifestare la rabbia, preso nel suo insieme, che le differenze sono più vistose. Mentre gli uomini trasferiscono più spesso l'emozione nel corpo e nel comportamento diretto, le donne usano più degli uomini due strategie: l'evitamento, cioè il ricorrere ad attacchi psicologici, come la maldicenza o l'ostracismo sociale, e lo spostamento, cioè lo sfogare la propria rabbia su una persona diversa da quella che l'aveva provocata.

Torniamo alla distinzione fatta nel capitolo 1 fra rabbia e aggressività. Se consideriamo l'aggressività come una componente istintuale determinata biologicamente, è senza dubbio vero che il sistema ormonale femminile produce meno testosterone che è per antonomasia l'ormone dell'aggressività. Se al contrario consideriamo la rabbia come una reazione emotiva, sappiamo che vi è una stabile tendenza nelle donne a manifestare di più le emozioni, a parlarne e a registrarle come più frequenti e più forti nel proprio vissuto. Il punto è: quali emozioni? Di fatto, forse è vero che in generale le donne adulte ammettono di provare rabbia meno spesso degli uomini, mentre dicono di provare più spesso tristezza e paura. Le differenze però non sono grandi, talvolta neppure significative a livello statistico. Gli uomini al contrario non parlano tanto delle loro emozioni, ma piuttosto del loro stato fisico, dicono cioè di sentirsi tesi o sul punto di esplodere. Infatti descrivono molti più episodi di «rabbia agita». Le emozioni di paura e di tristezza sembrano essere decisamente sottosviluppate nell'uomo adulto che risponde ai questionari.

Ma è possibile escludere che vi sia un influsso degli stereotipi di genere nelle risposte date ai questionari e nelle ricerche basate sulle autoanalisi? In altre parole, siamo sicuri che le donne e gli uomini descrivano esattamente le loro emozioni, e non in parte anche quelle stereotipiche che pensano di provare in quanto uomini o donne? Direi proprio di no, perché i profili dell'uomo tipico e della donna tipica sono connotati diversamente, cioè attribuiscono maggiore reattività alle donne sul piano emotivo, ma anche una minore propensione all'ira. Allora queste ricerche sono da buttare? No, sono ugualmente interessanti, perché anche nell'introspezione entra l'immagine che la cultura ci suggerisce di noi stessi. Vanno integrate con altre ricerche basate su osservazioni dirette. La frequenza e la durata delle espressioni della rabbia sono state controllate empiricamente nei due sessi. Mentre è impossibile trovare differenze alla nascita, né dopo un anno di vita e neppure all'età di due anni, in alcune ricerche si è visto che già verso i quattro anni le bambine mostrano meno la rabbia nell'espressione del viso. Ma è soprattutto nei comportamenti di aperta ostilità che le donne si differenziano dagli uomini. Come si è detto, le loro rabbie sono quasi esclusivamente strategiche e verbali. Molto più spesso che negli uomini esse si esprimono con il mutismo, l'ostruzionismo, i ricatti affettivi.

La differenza più grande si vede comunque nelle reazioni dei due sessi alla rabbia suscitata da eventi gravi, come essere traditi e abbandonati dal partner, essere aggrediti fisicamente, essere scavalcati nella carriera, essere truffati. Le reazioni violente sul piano fisico sono quasi esclusivamente degli uomini, con molti casi di sopraffazioni che si configurano come reati gravi e gravissimi. Sto parlando dei casi da cronaca nera, specialmente di uomini che, presi dalla gelosia, attaccano fino a uccidere per essere stati traditi o abbandonati. In casi analoghi, le donne sfogano la loro rabbia cercando di colpire il partner sul piano economico, oppure cercando di allontanarlo affettivamente dai figli. Queste rabbie dannose a se stessi e agli altri, oltre che essere presenti sulle pagine di cronaca dei giornali, sono purtroppo sotto gli occhi di tutti.

In conclusione, non direi, come sostengono alcune studiose femministe, che le donne debbano imparare ad arrabbiarsi di più: direi che uomini e donne possono imparare ad arrabbiarsi meglio, gli uomini con meno (anzi nessuna) violenza fisica e le donne con meno (o nessun) senso di colpa.

5. *A che serve arrabbiarsi*

Ringrazio la natura d'avermi fatto iracondo
perché l'ira mi preserva dalla viltà.

Vincenzo Monti, *Prose e poesie*

Perché ci si arrabbia? Tutti sono d'accordo che arrabbiarsi è un'esperienza spiacevole, e alcuni pensano che sia molto dannosa alla salute. Inoltre tutti sono convinti che avere a che fare con una persona arrabbiata sia spiacevolissimo, infatti le persone irascibili hanno meno amici degli altri. Basterebbero questi due fatti per giustificare affermazioni frequenti come «arrabbiarsi non serve a niente», «se ti arrabbi non si può ragionare», «con la rabbia si fa peggio». Forse arrabbiarsi non serve a niente, ma è possibile che si continui a provare uno stato emotivo e a manifestarlo in molte situazioni diverse fra loro nelle quali questa emozione sia inutile, se non proprio dannosa? No, deve servire a qualcosa, anzi a qualcosa di molto importante. Sia chiaro, non ci stiamo chiedendo se sia utile o inutile ottenere ciò che si vuole quando si è arrabbiati. Non c'è molto da spiegare nel fatto che si cerchi di ottenere giustizia o di vendicarsi, che si voglia far cessare una situazione spiacevole o che ci venga concesso un vantaggio. Va spiegato piuttosto perché, invece di adoperarsi per i propri scopi in modo efficace e razionale, si viva e si manifesti un'emozione così sgradevole per gli altri e così sconvolgente per chi la prova.

Partiamo da un indizio: molte cose si fanno o non si fanno allo scopo di non fare arrabbiare alcune persone che ci sono vicine. È comprensibile che si cerchi di non dispiacere alle persone che amiamo: sarebbe un dispiacere anche per noi; è ovvio che si cerchi di compiacere le persone che hanno potere su di noi: in caso contrario potremmo avere dei problemi. Il punto è che cerchiamo continuamente di evitare quelli che esprimono la contrarietà arrabbiandosi, anche se poi i danni che ci vengono sono pochi, anche se sono quel tipo di persone di cui si dice «cane che abbaia non morde». Eppure fronteggiare la rabbia resta un'esperienza spiacevole.

Allora, per tornare alla domanda iniziale, arrabbiarsi conviene? Guardiamo gli animali, non come caso esemplare né come i nostri fratelli minori o più antichi, bensì come ai nostri cugini meno sofisticati, più diretti dall'istinto e meno dalla cultura, più vicini ai bisogni dell'individuo e della specie, meno guidati da progetti individuali per il futuro. Lo scopo fondamentale della rabbia nell'animale è di spaventare il nemico e di farlo fuggire; proprio per questa ragione a molti animali arrabbiati il pelo si gonfia, per apparire più voluminosi, cioè più grossi e temibili. Se il nemico non fugge, allora l'ira fornisce l'adrenalina per iniziare un combattimento con più forza e maggiori possibilità di vittoria. È comunque sempre meglio per un animale mostrare di essere feroce e pericoloso, perché nessuno oserà aggredirlo e quindi potrà godere della sicurezza territoriale e di altre risorse senza dover spendere energie per mettere in fuga avversari e concorrenti.

In genere, le caratteristiche di aggressività e di attività, insieme con le qualità estetiche, che sono apprezzate da ogni specie su base genetica, definiscono la posizione di ciascun animale all'interno del suo gruppo. Gli animali che sono più belli, sani, grandi e aggressivi occupano le posizioni più elevate. Un animale che possiede uno status elevato all'interno del gruppo avrà rapporti sessuali più numerosi e una disponibilità di femmine più adeguate alla riproduzione. Questa è una spiegazione in termini evolutivi del perché la disposizione a manifestare l'aggressività tenda a perpetuarsi, nonostante gli animali più aggressivi e intraprendenti siano feriti e uccisi in scontri con specie diverse più spesso degli altri.

Secondo la teoria dell'apprendimento di matrice comportamentista, imperniata sui concetti di premio e punizione, è possibile ottenere significative modifiche anche dei comportamenti che hanno origine innata. In pratica, si procede infliggendo delle punizioni a ridosso del comportamento che si vuole ridurre o eliminare, o al contrario dando cibo o altri rinforzi positivi ogni volta che si manifesta invece un comportamento che si vuole sostenere. Ma è proprio così? Aumentare la frequenza di un comportamento a tonalità emotiva è altrettanto facile che ridurla? Lo psicologo tedesco Harald A. Euler negli anni '70 condusse un esperimento assai rivelatore con i galli. Egli prese a punire sistematicamente i galli dominanti a ogni loro manifestazione di aggressività, fino a che essi persero ogni tracotanza e bellicosità e diventarono mogi e sottomessi, finendo così in coda all'ordine di beccata. Quando però volle (con altri animali o anche con gli stessi) rimuovere il comportamento sottomesso usando ancora una volta stimoli punitivi, non riuscì a farlo: gli animali continuavano a esibire un comportamento sottomesso quando erano attaccati da animali di rango superiore, benché ricevessero in aggiunta una punizione per questo. Sembra evidente che certi animali, e probabilmente anche gli esseri umani, sono programmati in modo tale che somministrando loro stimoli negativi si possa indurre unicamente un comportamento sottomesso; mentre è impossibile suscitare dei comportamenti aggressivi attraverso le punizioni, salvo che queste siano percepite come ingiuste. In quest'ultimo caso si può scatenare una ribellione.

I bambini ci guardano

In base a molte ricerche e studi si è giunti alla conclusione che il modo migliore per ridurre un comportamento sottomesso, come anche per suscitare degli atteggiamenti intraprendenti, assertivi o anche irascibili, passa attraverso l'imitazione. In un esperimento molto convincente, si mostrava a un primo gruppo di bambini un adulto che si arrabbiava e maltrattava un pupazzo; un secondo gruppo di bambini della stessa età invece vedeva alla televisione dei cartoni animati dove c'era un gatto che infieriva su una bambola; infine a un terzo gruppo di coetanei vennero mostrati cartoni animati di altro genere. Tutti e tre i gruppi vennero poi sottoposti a esperienze frustranti, come il divieto e il rifiuto di giocare o di fare merenda. Alla fine, tutti i bambini vennero lasciati giocare con dei pupazzi e si osservò il loro tipo di gioco. Orbene, i due primi gruppi, cioè quei bambini che avevano assistito a delle scene dove una persona o un animale esibiva un comportamento irascibile e violento, si comportarono con i loro giocattoli in modo più aggressivo e fecero eseguire ai loro pupazzi gesti di rabbia e di violenza.

Gli studi di antropologia descrivono popoli molto bellicosi e le modalità sociali per trasmettere questo atteggiamento. Ad esempio, presso gli Himba, una popolazione dell'Africa sud-occidentale, si insegna ai ragazzi a non tollerare le angherie e a rispondere all'aggressione con l'aggressione. In quella cultura è decisivo il fatto di aver cominciato per primo. Una volta compiuto questo passo, la reazione violenta da parte della persona attaccata è inevitabile. È però evidente che la mossa di inizio potrebbe essere oggetto di interpretazione e quindi vista e definita come tale sulla base della sensibilità – stabile nel tempo oppure solo momentanea – di chi si ritiene offeso. Quindi la provocazione è qualunque evento che provoca un'azione, cioè quell'atteggiamento o quel gesto che, colpendo un punto sensibile per l'individuo e per la sua cultura, diventa una «buona ragione» per arrabbiarsi (incidentalmente, è interessante questo doppio significato di causa e di capacità cognitiva, come appare chiaro nella frase «ha ragione»). Presso gli Himba, l'educazione alla reazione ostile di difesa è assoluta e puntuale. Ad esempio, Irenaus Eibl-Eibesfeldt racconta che un bambino venne picchiato da un compagno e si rivolse alla nonna per essere difeso. La nonna allora gli mise in mano un bastone intimandogli di vendicarsi. Poiché il bambino esitava per paura dell'avversario più grosso di lui, la nonna gli diede uno schiaffo per punirlo e costringerlo ad attaccare per rappresaglia.

Le regole che vigono presso di noi non sono poi tanto diverse, almeno per quanto riguarda l'accettazione delle reazioni considerate impulsive. La regola dell'autodifesa in questo 2001 sembra avere una certa validità anche in alcuni ambienti nostrani. Spesso aizzati da alcuni personaggi e giornali irresponsabili, si tende a considerare giustificata l'aggressione per legittima difesa, non solo quando si tratta di furti o rapine. Le cronache riportano episodi deplorevoli di rabbie insorte per motivi quotidiani e poi trasformatesi in violenza assassina. Da noi, di solito, i genitori non intervengono per difendere i figli dalle angherie dei coetanei, ma cercano di far in modo che i litigi dei piccoli restino fra loro. Quando però i genitori intervengono la questione cambia aspetto e può degenerare. È rimasto ancora nella memoria un episodio accaduto alla fine del 2000: dopo una lite fra ragazzi in un campetto di gioco, un padre scende in strada a difendere il figlio più piccolo; il padre del ragazzo più grande accorre a sua volta armato di pistola, spara e ammazza l'altro genitore.

I bambini imparano subito che molto spesso le loro richieste vengono esaudite in seguito a proteste rumorose e scoppi di rabbia. Non vi è dubbio che essi fin dalle età più precoci – secondo molti psicologi dello sviluppo già a partire dal secondo anno di vita – impieghino la rabbia, le proteste e i comportamenti aggressivi in modo funzionale per ottenere al più presto quello che desiderano. Oppure si servono delle loro terribili rabbie per scopi esplorativi, cioè come modo per rimuovere gli ostacoli che si frappongono sul loro percorso. Quando il bambino si esibisce nel classico eccesso di rabbia infantile – strillando, agitando le gambe e battendo i pugni – e le richieste e le proteste avanzate in questo modo non incontrano ostacoli, ma anzi vengono rinforzate positivamente, questo apprendimento basato sul successo conduce a un aumento delle pretese e anche delle manifestazioni di rabbia. Lo stesso accade per gli adulti che, indossando indumenti «da bullo» e presentandosi con modi minacciosi e torvi, ottengono quasi senza far nulla l'effetto di intimorire gli altri. In altre parole, il premio di un comportamento intraprendente o aggressivo non è costituito solamente dal bottino che si guadagna agendo così, ma anche dal tipo di rispetto che si ottiene quando altri ne vengono a conoscenza.

Come si impara la rabbia

Anche gli esseri umani vivono in un mondo che ha disponibilità limitate di risorse e nel quale diverse gerarchie di potere determinano il diverso accesso ai beni che soddisfano i bisogni primari di cibo, sesso, affetto e sicurezza. Nonostante la cattiva fama che circonda la rabbia e le profuse affermazioni contro le arrabbiature proprie e soprattutto altrui, sembra proprio che qualcosa di simile alla superiorità degli animali aggressivi funzioni anche per gli esseri umani. In altre parole, è sperimentato e provato che quando ci si arrabbia non si controllano bene i movimenti, né il tono della voce, né la consequenzialità del pensiero logico. Queste debolezze dovrebbero mettere in difficoltà la persona arrabbiata. Eppure questo è vero solo se chi si arrabbia è decisamente in una posizione di inferiorità e le regole di competizione, cioè le armi con cui si decide la gara, sono di tipo astratto o immateriale. Se, al contrario, l'apparenza e la forza fisica hanno un qualche peso nel decidere chi vince lo scontro, una buona arrabbiatura è una «carta vincente» formidabile, sia perché intimidisce la controparte sia perché infonde energia, porta a sottovalutare il pericolo, rende intraprendenti e dà la direzione di marcia.

Secondo gli etologi, tutti gli esseri viventi hanno dei bisogni fisiologici primari, come la fame o il sonno, che sono regolati da meccanismi di feedback. In altre parole, quando questi vengono soddisfatti, l'organismo invia dei segnali che, almeno temporaneamente, inibiscono lo stimolo e bloccano le richieste – potremmo dire che l'organismo invia un segnale di sazietà. Vi sono però, in particolare nei mammiferi superiori, dei bisogni culturalizzati che non funzionano affatto allo stesso modo, cioè questi bisogni non si estinguono quando vengono soddisfatti, o se lo fanno, si tratta di un'estinzione che dura per un tempo brevissimo. Parliamo in questo caso di abitudini o, come direbbero i pubblicitari, di fidelizzazione. Ad esempio, negli esseri umani il desiderio di determinati piaceri o divertimenti aumenta quanto più questi vengono soddisfatti, e invece della sazietà si instaura un nuovo bisogno che trae alimento dalla familiarità e dalla facilità del soddisfacimento. In base a questo processo, in alcuni rapporti interpersonali, in alcuni ambienti, per alcune persone si possono instaurare come modalità comportamentali le «arrabbiature di successo», cioè quelle reazioni emotive con cui si ottengono degli scopi secondari più facilmente che con la perseveranza o il ragionamento.

È evidente che una reazione rabbiosa serve da deterrente più che una pacata opera di dissuasione. Fa risparmiare tempo e quasi certamente ottiene dei risultati più netti e durevoli. Il fiato risparmiato a convincere viene, per così dire, buttato fuori tutto in una volta nella sfuriata, ma forse il suo impiego rapido e massiccio è dopo tutto economico – diciamo c'è un rapporto conveniente costi-benefici. Anche per quanto riguarda l'energia c'è un guadagno aggiunto: l'attivazione dispiegata nell'arrabbiatura ha immediatamente dei risultati migliori di un lungo discorso ragionevole. Soprattutto quando si è arrabbiati si parla il linguaggio convincente dell'interesse, del coinvolgimento. L'arrabbiato si assume un ruolo sociale primitivo, simile al ruolo del genitore che rimprovera il bambino piccolo non con i ragionamenti, ma con l'espressione del viso e il tono della voce. Per un meccanismo di complementarietà dei ruoli, la persona che viene investita dall'ira si ritrova a vivere quel tradizionale rapporto di dipendenza o sudditanza che lo induce facilmente a una passiva ubbidienza.

Il ruolo sociale transitorio dell'ira è per certi versi analogo all'apparire degli agenti in divisa o delle persone armate: i segni del potere suscitano per associazione i comportamenti della paura e della sottomissione, ma anche per reazione gli impulsi di ribellione. È per queste ragioni che la persona in divisa deve saper attutire l'intimidazione che deriva dal suo aspetto esteriore per placare i sentimenti di paura e scongiurare quelli di ribellione.

Nei rituali di molte culture, fra cui la nostra, troviamo la rappresentazione programmatica di comportamenti ostili o guerreschi, come sono le parate militari, i costumi ornati di segni del comando, le sciabole delle divise, le trombe, le fanfare. Ad esempio, gli Yanomami, una popolazione che abita fra il Venezuela e il Brasile, accolgono l'ospite con danze di guerra, brandendo arco e frecce e cantando cori vagamente minacciosi, ma insieme a questo dispiegamento di potenza bellicosa vi è sempre un bambino che agita fronde di palme, come segnale di pacificazione. L'usanza di presentare insieme due tipi di messaggi opposti ci può sembrare a prima vista bizzarra e primitiva, ma esiste anche da noi. Anche in Italia, come in tutto l'Occidente, c'è una bimba con un mazzo di fiori che accoglie il capo di stato straniero, insieme con i capi militari, il plotone d'onore che l'ospite dovrà passare in rassegna, le parate militari e le trombe di guerra.

Se fosse vero che sfogare la rabbia serve all'individuo per pacificarsi, e quindi per ridurre o per esaurire la sua energia ostile, questo sarebbe pericolosissimo. Non ci si potrebbe più arrabbiare senza poi uccidere o debellare definitivamente l'avversario; infatti dopo ogni scoppio d'ira seguito da una lotta vittoriosa ma non decisiva, resteremmo quasi disarmati o spossati e saremmo quindi vulnerabili alla vendetta del nostro avversario. Di fatto, almeno fra gli esseri umani, non è così. Il sangue porta assuefazione al sangue, la rabbia frequente fa diventare irascibili. Anzi è stato più volte osservato, dentro e fuori i laboratori di psicologia, che se non intervengono eventi che cambiano il quadro delle relazioni, si tende ad alzare il livello dello scontro. Uno dei motivi è l'aspettativa reciproca di rabbia e ostilità: se gli altri si aspettano da noi una sfuriata reagiscono in anticipo, interpretando ogni nostra azione in chiave ostile. Succede di temere che una nostra azione o una notizia che stiamo per dare possa suscitare una reazione di rabbia in qualcuno. Succede anche che noi premettiamo o aggiungiamo alla notizia di cui temiamo l'impatto la raccomandazione, assai rivelatrice, «non ti arrabbiare!». Perché? Qual è il vissuto personale di una simile preoccupazione, che sta alla base della richiesta di non provare un'emozione, che pure sentiamo essere pertinente?

Jean-Paul Sartre è stato un filosofo che nella sua opera ha dato molto rilievo alla fenomenologia delle emozioni. Se adottiamo il suo punto di vista, dire «non arrabbiarti» prima che ciò si verifichi, equivale a vedere la persona già arrabbiata, dire che la si teme arrabbiata, la si tratta come se fosse già furiosa, e inevitabilmente ci si appresta a farla arrabbiare: se sei già arrabbiato, ti arrabbierai ancora di più.

In ogni caso, questa è una frase che diciamo spesso e che, di conseguenza, ci sentiamo dire spesso quando ci arrabbiamo o stiamo per arrabbiarci. Poiché tutti a mente lucida sanno che una frase del genere non ha nessuna efficacia (se non è addirittura controproducente), ci sarà pure un motivo perché si continui a pronunciare e il suo uso non si estingua. Vuol dire che essa risponde a un impulso molto forte, come chi dice «ahi!» oppure «aiuto!» anche quando vede bene che non c'è nessuno a cui rivolgersi. Infatti la rabbia di chi ci è vicino è tanto spiacevole che ci vengono in bocca le parole più infantili e meno studiate, «non fare così», «adesso basta», «ti prego», tutto pur di far sparire una faccia e una voce che incute spavento e riavere la persona sorridente che ci rassicura.

In conclusione, se ci si arrabbia con la persona giusta, al momento giusto e nel modo giusto siamo soddisfatti e possiamo ottenere tre vantaggi: nei riguardi del mondo esterno, se riusciamo ad avere quello che chiedevamo; nei riguardi dell'altro, migliorando la nostra posizione e facendogli sapere di essere più forti di lui; abbiamo fatto un buon servizio a noi stessi, rafforzandoci nella sensazione di poter ottenere quel che vogliamo, una qualità preziosa che lo psicologo Albert Bandura chiama *autoefficacia*. Soprattutto, mostrando un'emozione siamo più convincenti che con qualunque discorso, perché mostriamo con tutto il nostro corpo un interesse maggiore: infatti solo l'emozione dice davvero quanto noi teniamo a una cosa, ci svela e svela ad altri in modo innegabile e coinvolgente.

Il fatto che nella nostra cultura la rabbia sia massimamente proibita ai deboli e agli oppressi fa pensare che essa non sia affatto innocua. Non solo culture minoritarie, come quella degli Ifaluk – una popolazione che vive nell'omonimo atollo della Micronesia –, ma anche la cultura giapponese tradizionale e moderna considera la rabbia un'emozione infantile e un segno di debolezza. Anche in Occidente talvolta si sostiene che la rabbia è un segno di impotenza, perché – si argomenta – se si fosse in grado di ottenere in modo pacato ciò che si vuole, perché mai arrabbiarsi? Osserviamo però che più si è potenti, più si ha la licenza di arrabbiarsi – anche se è vero che più si è potenti meno è necessario arrabbiarsi, perché si ottiene ciò che si vuole usando mezzi diversi e, soprattutto, sono gli altri a cercare di non contrariarci.

Che cosa dicono gli arrabbiati

A che serve arrabbiarsi? Cominciamo col chiederlo alle persone che si arrabbiano. Si potrebbe subito obiettare che la gente non potrà mai dire accuratamente ciò che si propone quando si arrabbia, poiché la rabbia è un'emozione (addirittura un'emozione considerata fondamentale) e quindi è una contraddizione in termini chiedere gli scopi di un vissuto che si percepisce come subito, imposto da un meccanismo incontrollabile. Eppure a questa domanda si può dare una risposta, non considerando l'arrabbiarsi come un'azione premeditata – è impossibile progettare di provare una genuina emozione, anche se si può progettare di fingerla –, ma prendendola come un evento che ha sortito delle conseguenze. Esaminando parecchie ricerche basate su informazioni raccolte col metodo dell'intervista, del questionario e dei diari, possiamo farci un'idea di quali sono gli scopi che chi si è arrabbiato ha creduto di ottenere.

Quando, passata un'arrabbiatura, le persone dicono se e quali vantaggi pensano di aver ottenuto con la loro reazione emotiva, si ottengono le risposte più varie e disparate, che si possono analizzare e raccogliere in alcune grandi categorie.

Anche se le categorie e le percentuali di risposte non possono essere molto precise, perché le ricerche su cui mi baso sono state impostate in diversi modi, l'idea generale che se ne ricava è abbastanza attendibile. Ovviamente, con uno scoppio di rabbia si può pensare di conseguire più di uno scopo; inoltre, poiché questi studi sono per lo più basati sui resoconti delle persone, abbiamo solo le analisi introspettive che ci dicono ciò che le persone riferiscono, e non necessariamente quali sono tutti i meccanismi psicologici implicati.

Un primo dato sembra confortante: chi si è arrabbiato ha delle buone intenzioni e pensa di aver fatto bene a montare in collera. Infatti, se subito dopo un'arrabbiatura, si chiede che cosa si voleva ottenere con quella sceneggiata, molto spesso la prima risposta è costruttiva, anche se banale. Per esempio: «volevo farlo smettere», oppure «volevo fare a modo mio», oppure «volevo che capisse le mie ragioni» o ancora «volevo dimostrargli quanto si sbagliava». Quando poi si chiede all'ex arrabbiato se pensa di aver ottenuto quello che si prefiggeva, la risposta è affermativa in almeno i tre quarti dei casi. Dunque, sembra che si possa vedere nella maggior parte delle arrabbiature un modo per conseguire degli scopi, ad esempio riparare un torto subito o punire un errore. In definitiva, chi si è arrabbiato sostiene che l'emozione gli è stata utile, anche se deplora di essersi arrabbiato per i guasti che può aver provocato a se stesso e alle sue relazioni con gli altri. Quali sono poi i vantaggi secondari che si pensa di ottenere arrabbiandosi? In circa un terzo dei casi ci si arrabbia per affermare la propria autorità, mentre per un altro terzo dei casi si vuole sottolineare la propria autonomia e indipendenza. Insieme, queste spiegazioni intendono dire che con quella arrabbiatura si è salvaguardata la propria faccia, cioè si è rafforzata la propria immagine pubblica. L'ultimo terzo delle arrabbiature di questo gruppo è destinato a scopi più concreti, cioè a procacciarsi dei vantaggi e a far cessare delle situazioni sgradite.

Un altro scopo importante, che sembra essere raggiunto in più di metà delle volte, è quello di riparare ai torti, oppure di rimettere a posto delle persone che avevano sgarrato: essenzialmente fare giustizia. Gli arrabbiati ammettono poi che almeno metà delle arrabbiature servono a fare di testa propria, a fare cambiare opinione agli altri e a farli agire come si vuole. Queste persone dicono in realtà che essersi arrabbiati è servito ai loro interessi, mentre, sempre secondo gli arrabbiati, in circa il 10% delle volte, la rabbia ha indotto la persona oggetto della sfuriata a fare delle cose che già aveva in animo di fare (ma sarà vero?). È poi altrettanto frequente il caso di persone che affermano che le loro arrabbiature sono servite – anche o esclusivamente – all'interesse della persona che era oggetto della rabbia. Questi casi sono frequentissimi quando le arrabbiature sono rivolte contro mariti, innamorati, fidanzati e figli (e ovviamente – se non di più – contro mogli, innamorate, fidanzate e figlie). Estremamente interessante è la certezza che almeno la metà di queste sfuriate portino a un rafforzamento dei legami affettivi e al miglioramento della relazione. Sarà vero? Chissà cosa ne pensano le parti lese...

Vi sono però anche dei casi nei quali si afferma che ci si arrabbia per raggiungere degli «scopi negativi» riguardo alla relazione con la persona interessata, in genere lo scopo di allentare o rompere i rapporti con la vittima, più raramente quello di manifestare i propri sentimenti di odio. Questi motivi però vengono citati soltanto per un 20% dei casi all'incirca. Infine, con ammirevole onestà, gli arrabbiati ammettono che per un terzo delle volte la rabbia è servita soltanto a sfogare un malumore creato da motivi estranei, stanchezza, fame, o più spesso le frustrazioni portate a casa dal lavoro (o portate da casa al lavoro).

Attraverso varie tecniche di analisi (come l'analisi fattoriale e l'analisi dei contenuti) si può cercare di distillare ulteriormente il senso dei vantaggi che si ottengono arrabbiandosi, almeno dei vantaggi di cui è consapevole chi prova l'emozione.

Si possono così individuare le rabbie costruttive, le rabbie malevole e le arrabbiature di sfogo.

Le rabbie costruttive servono essenzialmente a migliorare la propria immagine, a ottenere dei cambiamenti, a rafforzare la relazione con la persona con cui ci si arrabbia, facendole sentire fino a che punto si considera importante ciò che sta facendo. Sia che si tratti di vantaggi materiali che di vantaggi per la relazione, la rabbia costruttiva è essenzialmente centrata sui propri obiettivi, anche quando intende migliorare la relazione con l'altro. Infatti in una relazione intima, la persona arrabbiata tende a considerare che sia un bene per l'altro qualcosa che pensa essere un bene per se stessa.

Le rabbie malevole ottengono lo scopo di rendere manifesti dei sentimenti di antipatia, disprezzo, odio. In tal modo si colpisce il destinatario di questo messaggio e lo si può indebolire nella sua autostima e nei suoi piani di successo. La rabbia malevola ha inoltre lo scopo di indebolire o di rompere una relazione. Anche se apparentemente è molto frequente, anzi arrabbiarsi con chi non ci piace può sembrare uno schema tipico, questo tipo di rabbia si osserva molto meno della precedente.

La rabbia di sfogo è quella più presente nella concezione popolare della rabbia e nelle teorie psicologiche che studiano questa emozione. Molto meno frequenti sono le persone disposte ad ammettere di averla vissuta. Questo tipo di rabbia è infatti fine a se stessa, perché ha appunto lo scopo di lasciare uscire una tensione interna, nella convinzione – diffusa, ma mai sufficientemente verificata – che manifestare la rabbia sia come fare uscire il vapore da una pentola a pressione.

Riflettendo a mente fredda, ci accorgiamo però che non tutte le nostre rabbie servono ai nostri interessi. Ci sono rabbie che «ci scappano» e ci tradiscono, rabbie che rappresentano il sottoprodotto di altre emozioni, rabbie che servono a segnalare che abbiamo perduto la concentrazione mentale e il controllo del linguaggio. Di queste rabbie altri possono approfittare, se sono in grado di non farsene coinvolgere. Ecco alcuni esempi di rabbia disfunzionale.

Mentre Giovanni sta per chiudere la macchina si accorge che qualcuno gli ha strisciato la portiera, un bello striscio visibile sulla vernice blu. Gli viene una botta di nervi e fa un gesto violento, come di assestare un pugno sull'altro. Facendo così gli cadono le chiavi della macchina e finiscono in un tombino.

Anche l'episodio seguente potrebbe essere considerato come un caso di rabbia solamente dannosa.

Andrea sta leggendo il giornale su una panchina ai giardinetti, mentre il figlio di due anni Mauro gioca sugli scivoli. Alza gli occhi dalla pagina e non vede più Mauro. Si volta e non c'è sull'altalena. Guarda più lontano, e lo vede sul ciglio della strada che sta inseguendo un cagnetto fin quasi in mezzo alla strada dove passano le macchine. Si alza di corsa e si precipita ad acchiapparlo urlandogli qualcosa contro.

E invece no. Questa rabbia, che sembra essere la manifestazione di emozioni essenzialmente diverse (paura, ansia, senso di colpa), serve, eccome! Serve a trasmettere al bambino in modo forte e caldo l'intensità del divieto di precipitarsi in mezzo alla strada: l'utilità della rabbia sta quindi nell'associazione fra la disubbidienza e la faccia, la voce e i movimenti concitati del padre arrabbiato. Questa associazione costituirà un deterrente molto efficace nel momento in cui il bambino verrà a trovarsi in situazioni analoghe. La rabbia poi serve in modo indiretto a spaventare e punire lo stesso padre che, dalle sue stesse emozioni – rabbia, paura e sensi di colpa – ricava un segnale potente di allerta: il segnale che non può affatto distrarsi col giornale, che suo figlio sta crescendo, che cammina velocemente, che ha bisogno di una presenza più assidua. I messaggi delle emozioni sono di questo tipo. Essi sono più rapidi e più potenti di un discorso formulato in un linguaggio sequenziale e articolato, per quanto chiaro, esauriente e convincente possa essere.

Una contraddizione non apparente

Questo capitolo fin qui sembra essere tutto un peana in lode alla rabbia. Dobbiamo invece concludere ricordando che gli argomenti che abbiamo presentato sono solo un aspetto della complessità e delle contraddizioni che avviluppano la persona che si arrabbia: queste non sono altro che lo specchio delle complessità e delle contraddizioni insite nel concetto stesso di rabbia. Se abbiamo parlato in positivo della funzione della rabbia, è stato per mettere in luce un aspetto che si conosce nei fatti, ma che non si dice chiaramente e volentieri. E cioè che chi si arrabbia suscita negli altri delle emozioni e spesso ottiene così dei vantaggi che non avrebbe avuto agendo in modo pacato. Una prova di questa «cecità» culturale e collettiva la si trova riguardando le espressioni linguistiche che si riferiscono alla rabbia: quelle che rivelano i vantaggi che derivano dall'arrabbiarsi sono rarissime, quasi che l'argomento fosse tabù. È comprensibile, anzi ovvio, che le persone affascinanti e convincenti piacciano agli altri e ottengano molto dagli altri. Al contrario, le persone che si arrabbiano non piacciono e suscitano timore. Ma è proprio nel desiderio di levarsi da torno le persone infuriate, nella paura che suscita il loro aspetto, nel timore che una persona alterata possa scatenare vendette di rappresaglie che risiede il loro potere.

Qual è dunque il vantaggio di mostrarsi (o di essere) arrabbiati, rispetto alla possibilità di essere persuasivi, assertivi, energici al massimo? La rabbia conferisce un marchio di autenticità, una garanzia di coinvolgimento, un segno dell'energia prodotta interiormente e dispiegata. La rabbia è un calore radiante che fa diventare più convincenti, parlando non al cervello ma ai sentimenti. È un'emozione che si serve di una particolare tecnica retorica, perché essendo emozione suscita a sua volta un'emozione, talvolta analoga, quella che porta alla zuffa, talvolta complementare, quella della sottomissione e del consenso. E se fa nascere il cedimento e l'acquiescenza, con questo segno si vince. Non è un segno che viene dalla testa, ma dallo stomaco; d'altra parte lo squillo della tromba non funziona certo come l'argomentare dei diplomatici. Colpisce, a questo proposito, il fatto che lo Stato palestinese, per manifestare con il massimo dell'efficacia contro lo Stato di Israele, abbia indetto il 6 febbraio 2001 una Giornata della rabbia. Si tratta di una forma nuova e significativa di protesta: non consiste solo nell'organizzare una dimostrazione pubblica ed esterna, bensì nell'evocare e prescrivere esplicitamente uno stato emotivo del quale si conosce la forza.

Solitamente le persone si rammaricano della propria rabbia, soprattutto perché sanno di venire giudicate sgradevoli, di danneggiare i loro rapporti personali, di suscitare sentimenti negativi, come altra rabbia, disagio e paura, di essere forse evitate o etichettate come cattive e intrattabili, quasi sempre temute. Santippe, moglie di Socrate, si guadagnò fama immortale per essere una donna irascibile. E non possiamo escludere che la fama immortale della saggezza di Socrate, umana e non solo filosofica, non sia anche in minima parte legata alla sua capacità di sopportare una «santippe».

6. *Perché gli sportivi si arrabbiano*

> È utile quella velocità che, quando riceve l'ordine sa arrestarsi, e non corre oltre il limite stabilito.
>
> Seneca, *De ira*

Oggi si parla tanto, e in tono giustamente deprecatorio, dell'aumento delle violenze commesse in occasione di manifestazioni sportive. La deprecazione va bene, ma dovremmo soffermarci a riflettere su questo aumento. In apparenza sembra che sia relativo solo a un ciclo temporale breve, corrispondente più o meno alla memoria di coloro che scrivono. Ma abbiamo documenti storici che attestano come l'associazione di sport competitivo e di furore sia invece un fenomeno ricorrente, che si verifica ogni volta che sono presenti le circostanze scatenanti. Abbiamo notizie che già nel V secolo a Roma durante la corsa delle bighe le tensioni e le risse erano così frequenti e violente che l'esercito era costantemente allertato per sedare i tumulti. Si tramandano i resoconti di incidenti gravissimi che coinvolgevano migliaia di persone. Molti lettori ricorderanno la scena della corsa delle bighe nel film Ben Hur, la cui vicenda è basata su un romanzo storico ben documentato. In questa famosa sequenza che mostra un confronto nello sport più famoso dell'epoca, i due contendenti impersonati da Charlton Heston e Steve Boyer, corrono con gli occhi iniettati dal sangue dell'ira più accesa fra minacce e reciproci insulti sanguinosi. Altro che *fair play*! D'altronde, se non fosse naturale e in qualche modo funzionale arrabbiarsi quando si gareggia, perché mai dovrebbero esistere le regole e i divieti, e soprattutto questo continuo sottolineare la purezza e l'impersonalità dell'agonismo? La proclamazione di intenti pacifici da una parte e i divieti dall'altra sono frequenti ed energici, proprio perché sono altrettanto frequenti le tentazioni e le infrazioni.

Mai dire goal!

Si può dire «goal!» con un tono di voce normale? Senza una speciale enfasi, senza gridare né manifestare alcuna emozione? Sembra proprio di no: dire «goal!» al momento giusto senza energia né entusiasmo è impossibile, sembra anzi contro natura. E non si dice neppure «forza azzurri!» con la stessa intonazione di «mare forza tre». Si può essere tifosi e reagire con pacato disappunto quando la propria squadra perde la partita all'ultimo minuto? E cosa dire all'arbitro che fischia contro un rigore piuttosto controverso? Siamo talmente abituati a considerare normale che lo stadio risuoni di urla e imprecazioni che queste sembrano domande retoriche o barzellette.

Insulti e spintoni sarebbero frequentissimi anche fra giocatori, se non ci fossero i codici sportivi a vietarli severamente. Non è facile però ridurre drasticamente gli scoppi di collera e le aggressioni. Ne sanno qualcosa, ad esempio, i giocatori di pallanuoto che sott'acqua combattono una battaglia senza esclusione di colpi... molto bassi. Ma non si deve pensare che solo gli sport di squadra favoriscano le esplosioni di collera: non è affatto insolito vedere tennisti che buttano per aria la racchetta, come faceva John McEnroe, o podisti che spintonano l'avversario sotto gli occhi di milioni di spettatori televisivi.

Facciamo mente locale. Quante volte abbiamo visto alla televisione, o letto sui giornali o sperimentato direttamente che dopo un evento sportivo sono scoppiati dei piccoli o grandi scontri fra i tifosi? È pacifico che nelle grandi città questo fatto sia più la regola che l'eccezione ed è sintomatico che in tali casi le telecronache domenicali inizino con frasi del tipo «domenica tranquilla oggi sui campi del calcio». È indubbio che la tensione della gara, specialmente in certi momenti cruciali, renda più frequenti e comprensibili gli scatti di nervi. Persino l'imperturbabile Francesco De Angelis che guidava Luna rossa ogni tanto ha perso il suo aplomb, e ci sono stati momenti di tensione fra i membri dell'equipaggio – era probabilmente questo il vero motivo per cui i microfoni a bordo erano malvisti. Alcuni tennisti, come McEnroe e Nastase, fanno anche dei numeri terribili in campo, con rottura di racchette e pantomime varie, suscitando scandalo ed esecrazione apparente nel pubblico. Ma queste ire spettacolari sono del tutto incontrollabili? Come racconta onestamente un altro grande tennista, Björn Borg, che invece ha imparato a controllarsi benissimo, queste sceneggiate sono favorite dalla tolleranza del direttore di gara, che subisce una sudditanza psicologica verso il campione, ma specialmente da un certo fascino che il fiammeggiare dell'ira esercita sugli ammiratori.

Vorrei raccontare quello che accadde il 19 novembre 2000, una «domenica di ordinaria follia», secondo giornali e telegiornali nazionali.

Sul campo di calcio a Como si disputa la partita del campionato di serie C1 Como-Modena. Durante la partita, fra due giocatori che in passato avevano giocato nella stessa squadra scoppia un breve e violento alterco che l'arbitro controlla a fatica. Uno è il capitano della squadra ospitante Massimiliano Ferrigno, l'altro è il calciatore modenese Francesco Bertolotti. Volano gli insulti e anche gli spintoni. I compagni delle due squadre si assiepano attorno ai contendenti, il pubblico urla in tono minaccioso. Dopo più di mezz'ora dalla fine della partita un fischio lungo e acuto ed ecco l'ambulanza che si ferma davanti allo stadio. Che cos'è successo? La lite non si era affatto conclusa con la partita, al contrario. Nello spogliatoio Ferrigno ha colpito alla testa Bertolotti, il quale ha perso i sensi mentre il suo cuore si fermava. Trasportato immediatamente all'ospedale resterà in coma e in gravissimo pericolo di vita per giorni.

Ferrigno viene condotto alla polizia e accusato di gravissime lesioni personali e omissione di soccorso. Nel frattempo, alcuni tifosi delle due squadre si massacravano di botte fra di loro e reagivano violentemente contro le forze dell'ordine che cercavano di fermare la guerriglia. Feriti sia fra gli agenti che fra i cosiddetti tifosi.

Nello stesso pomeriggio nello stadio di Sant'Elena a Venezia si disputava una partita con il Cagliari. Dopo la partita, a Piazzale Roma si è disputata un'altra battaglia fra i sostenitori del Venezia e alcuni tifosi cagliaritani, finiti poi al pronto soccorso. A Livorno nel frattempo, dopo la partita contro il Pisa, scoppiano tafferugli fra tifosi pisani e forze dell'ordine e, al solito, diversi sportivi e alcuni carabinieri finiscono all'ospedale.

All'indomani di queste domeniche sportive sui quotidiani, insieme a una prevedibile difesa d'ufficio dello sport in sé e degli sportivi in generale, affiorano delle amare verità. Ad esempio, nei giorni seguenti alla domenica di cui ho riferito, furono riportate espressioni del tipo «le scazzottate negli spogliatoi ci sono sempre state» e «una colluttazione, come succede in questi casi».

Nonostante che i fatti sopra riportati siano la regola e non l'eccezione, da parecchi secoli e sotto parecchie sembianze circola nella nostra cultura una teoria popolare che si può sintetizzare così: essere attori o anche solo spettatori di sport competitivi ha l'effetto di scaricare l'aggressività e diminuire la tendenza a essere ostili. In altre parole, da parte del senso comune si dà per scontato che l'energia spesa durante l'attività sportiva venga sottratta a un «monte complessivo» di aggressività di cui sarebbe dotato ciascuno di noi. Di conseguenza, dopo avere fatto sport e aver speso energia, ne resterebbe una quantità minore e le persone sarebbero necessariamente più calme. Questa teoria popolare viene applicata sia a chi pratica sport, sia a chi ne è solo spettatore: quest'ultimo, identificandosi con i campioni, impiegherebbe dell'energia nella competizione combattendo per interposta persona e, ancora una volta, sarebbe alla fine pacificato.

Non è solo la psicologia del senso comune a sostenere più o meno esplicitamente questa tesi. Molti psicoanalisti della prima ora, come ad esempio Karl Menninger e Anthony Storr, hanno sostenuto che i giochi violenti e gli sport di competizione permettono di sfogare l'impulso aggressivo e migliorano i rapporti sia fra gli individui, sia fra le nazioni. Peccato che questo non sia stato dimostrato da nessun esperimento o evento storico. Per dire, non risulta che dopo le Olimpiadi del 1936 tenutesi a Berlino le tensioni ostili in Germania fossero attutite. Inoltre, nelle culture bellicose (e noi occidentali lo siamo) l'agonismo è maggiormente praticato che in quelle pacifiche; negli Usa non si verificò nessun calo di popolarità degli sport violenti né durante il conflitto mondiale né durante la guerra di Corea o del Vietnam. Afferma lo psicologo Leonard Berkowitz:

> Non vi è alcun dubbio che molti provino un certo piacere nel vedere persone che si confrontano, nella lotta o in altri sport violenti; ma io dubito che questo piacere comporti una riduzione a lungo termine di un qualche impulso aggressivo.

Un'altra osservazione comune che va decisamente contro la pia illusione che praticare o guardare degli sport competitivi possa servire a «scaricare» le tensioni ostili è data dal fatto che gli scontri si verificano dopo la partita, non prima. È nello spogliatoio dopo la gara che si è più suscettibili e reattivi. Se si è perso, le cose vanno peggio, ma anche se si è vinto, nell'euforia dei festeggiamenti, vengono fuori attacchi e scoppi di rabbia. Naturalmente l'alcool consumato in queste occasioni è un altro fattore che incide enormemente, come si diceva nel capitolo 3.

Le teorie secondo cui l'attività sportiva permette di scaricare l'aggressività potevano forse essere studiate e prese sul serio decenni fa, quando non era sotto gli occhi di tutti la regolare violenza che precede, ma soprattutto che segue determinate manifestazioni sportive. Specialmente nel calcio europeo e sudamericano, la tifoseria organizzata consiste in truppe di manovra che cercano in tutti i modi di approfittare della partita in campo per dichiarare e combattere una guerra nelle strade. Altro che sublimazione dell'aggressività!

Se lo sport, praticato o seguito da spettatori, costituisse un modo per incanalare l'energia aggressiva, sia gli sportivi che i fan dovrebbero essere meno rabbiosi e aggressivi della media, cosa evidentemente falsa e testimoniata dalla presenza di facinorosi di professione, chiamati hooligan in Inghilterra e fan in molti altri paesi. Non dimentichiamo che fan è l'abbreviazione di fanatico. Si parla anche di fanatismo nel senso di ammirazione spasmodica per divi della musica, del cinema, della televisione. È interessante però notare che, per quanto possano essere decine di migliaia i partecipanti a un concerto, non risultano frequenti i casi di forti tensioni e di risse, pur trovandosi il pubblico in situazioni di disagio per lunghissimi tempi di attesa, freddo, stanchezza, fame. Mentre se lo spettacolo è una partita di calcio, anche i comportamenti sul campo diventano a loro volta uno spettacolo di scoppi di nervi e furie, più o meno ritualizzati, ma di certo accettati se non addirittura approvati.

Attivazione e salute

Il modello al quale questo tema fa implicito riferimento è quello di uno stato di cose ben noto e diffuso nella realtà fisica: una quantità finita di sostanza, per esempio un liquido, oppure degli oggetti, come soldi, cibi, libri, che in partenza possediamo in una certa quantità, che non possiamo creare, ma soltanto consumare. Dunque quando usiamo o consumiamo una sostanza finita, corriamo il rischio di restarne senza; in ogni caso, dobbiamo economizzarla, perciò saremo meno inclini a spenderla. È rivelatore il verbo «spendere», il più usato per l'energia mentale e psicologica; è lo stesso verbo che indica il consumo del denaro, una quantità che decisamente si esaurisce.

Quello che è profondamente sbagliato in questa metafora implicita riguarda due punti interconnessi: la violenza non diminuisce e non si esaurisce quando la si esercita; se si resta inattivi l'energia fisica e l'attività mentale non aumentano, ma tendono a scemare. E, per concludere con il nostro tema: se ci si arrabbia apertamente la collera tenderà, almeno per un certo tempo, ad aumentare, alimentata sia dalla nostra stessa attivazione sia dal comportamento delle persone che ci stanno attorno.

Sappiamo che a livello cerebrale la rabbia, così come le altre emozioni, interessa il sistema limbico e, in particolare, un'area chiamata amigdala. Nei momenti di rabbia, a livello vegetativo hanno luogo delle modificazioni rilevanti, fra cui le più importanti sono: dilatazione della pupilla, aumento della pressione arteriosa, accelerazione del respiro, irregolarità della frequenza cardiaca, tensione muscolare, vasodilatazione periferica (e infatti si arrossisce) insieme con vasocostrizione viscerale. A livello ormonale, è di massimo rilievo il fatto che quando una persona si arrabbia aumentano le secrezioni di adrenalina e di noradrenalina.

Questo insieme di modificazioni fisiologiche è stato avvicinato a un quadro comportamentale definito *tipo A*, caratterizzato da un atteggiamento fortemente competitivo, diretto al raggiungimento del riconoscimento personale e di obiettivi multipli, distinto in particolare da un forte stato di attivazione fisica e mentale. Nel *tipo B*, cioè la personalità complementare, questi tratti non sono rilevabili. Non c'è da stupirsi che fra gli individui di tipo *A* si trovi un numero significativamente alto di pazienti cardiopatici e di individui affetti da disturbi cardiocircolatori, quali ipertensione e ipercolesterolemia. Sono gli individui di tipo *A* ad essere inoltre caratterizzati da più frequenti e vistose manifestazioni di rabbia.

Molte ricerche si sono poste il problema se sia più dannoso controllare o, al contrario, dare libero sfogo alla rabbia. Il parere dominante è che anche la ruminazione e l'ostilità repressa comportino dei rischi per il sistema cardiocircolatorio, e che comunque manifestare la rabbia non porta a una sua riduzione, ma al contrario ne amplifica la durata e gli effetti. In definitiva, la ricerca conferma l'intuizione del senso comune: ogni prolungata attivazione accompagnata da stress e da un vissuto spiacevole non giova alla salute.

L'attivazione fisiologica, o *arousal*, indotta dall'attività – sportiva ma anche di altra natura – può indurre a sopravvalutare o fraintendere l'intensità delle proprie reazioni emotive. Sappiamo che l'attività fisica stimola la produzione di epinefrina, che viene prodotta come parte della risposta del sistema cardiovascolare. Quest'ormone, che regola le reazioni al lavoro muscolare, si innalza non appena inizia una qualunque attività fisica di un certo impegno e aumenta con l'aumento dell'attività. Attraverso quali vie l'epinefrina può legarsi alle emozioni e in particolare all'emozione di rabbia?

All'inizio degli anni '60 due psicologi americani, Stanley Schachter e Jerome E. Singer condussero una ricerca diventata giustamente famosa. L'esperimento era piuttosto complesso, ma è convincente anche se riportato nelle sue linee essenziali. Ad alcune persone venne iniettata dell'epinefrina in quantità tali da far aumentare la pressione, accelerare il battito cardiaco e modificare la temperatura del corpo e il ritmo respiratorio. Fra le persone a cui era stata iniettata l'epinefrina, alcune erano a conoscenza del suo effetto e quindi si aspettavano di provare i sintomi fisici associati a questa sostanza; ad altre invece venne detto solo che la sostanza era innocua. In una seconda fase dell'esperimento le persone, durante la fase di attivazione da epinefrina, venivano portate individualmente in una stanza dove si trovavano a vivere esperienze diverse e contrastanti. Per alcune l'esperienza era piacevole, perché si trovavano con delle persone allegre che si mostravano amichevoli; altre invece dovevano riempire un questionario assai sgradevole, indiscreto e quasi offensivo, insieme con delle persone irascibili e di cattivo umore. Ovviamente, in entrambe le situazioni i soggetti si trovavano a lavorare con dei colleghi dello sperimentatore che fingevano un diverso stato d'animo; questa diversa esperienza era infatti parte integrante dell'esperimento. Il bello viene nella terza fase, quando tutte le persone vengono invitate a descrivere per iscritto il loro stato emotivo. Quelli che si aspettavano di provare caldane e batticuore, cioè di sperimentare su se stessi i sintomi fisici provocati dall'epinefrina, non dicono di provare delle significative differenze di umore, sia nel caso che abbiano risposto alle domande dello sgradevole questionario, sia che abbiano passato il tempo in piacevoli chiacchiere. Evidentemente la loro alterazione fisiologica è stata vissuta come un effetto della sostanza chimica, non come un sintomo di un'alterazione dell'emotività. Invece coloro che non sapevano di essere sotto l'effetto dell'epinefrina furono indotti a interpretare i sintomi alla luce delle loro recentissime esperienze, e quindi a tradurli in stati emotivi: stati negativi di irritazione per chi aveva subito il questionario, stati positivi di euforia per chi si era trovato in un'atmosfera amichevole.

Possiamo quindi concludere che vi è un legame diretto fra attivazione fisiologica e irritabilità? È proprio vero che se rincorriamo l'autobus o facciamo una partita a tennis rischiamo poi di arrabbiarci per niente e anche naturalmente con chi non se lo merita affatto? È difficile affermarlo con certezza, ma dall'insieme delle ricerche sembra proprio che la suscettibilità emotiva aumenti con l'attivazione fisica. D'altronde è fuori dubbio che bisogna tenere conto dell'interpretazione soggettiva che inconsapevolmente diamo dei nostri stati fisiologici; se non è facile spiegarli a un livello fisico si finisce con interpretarli in chiave emotiva.

Un passo ulteriore per chiarire la questione è stato compiuto da Dolf Zillmann e dai suoi colleghi, che condussero numerosi esperimenti su persone accaldate in seguito a un energico esercizio fisico. Per un primo gruppo, all'esercizio seguiva una pausa e poi le persone venivano provocate dallo sperimentatore; esse reagivano tutte arrabbiandosi molto. Di fatto l'intervallo di tempo fra l'esercizio fisico e la provocazione non era sufficiente ad annullare l'effetto dell'attivazione, ma bastava a far sì che non si attribuisse l'irritazione all'attività fisica. Dunque il «riscaldamento» ancora in atto veniva scambiato per uno stato di irritazione. Per un secondo gruppo, invece, la provocazione seguiva immediatamente l'esercizio fisico; il risultato fu che erano più numerose le persone che non reagivano con stizza, perché potevano attribuire il loro riscaldamento all'esercizio e non all'emotività.

Un altro elemento da considerare è il fattore tempo. Le persone in buona salute dopo breve tempo si rimettono in linea di base dopo qualunque shock o energica attivazione; le persone più anziane e meno sane ricuperano invece più lentamente. È dunque questo secondo gruppo che rischia maggiormente di scambiare un residuo di attivazione dovuto a cause fisiche o estranee con il sentimento di ebollizione che segnala la rabbia.

D'altronde non è solo la competizione aperta che spinge all'attacco e alle reazioni di insofferenza e di rabbia. Anche l'attivazione legata ad altri tipi di esercizio fisico può, in alcune condizioni, rendere più irritabili. Un caso significativo è la rabbia in automobile: perché è così frequente? Alcune ragioni sono evidenti: come per lo sport, aumenta l'attivazione, vi è implicita competizione fra guidatori per velocità e abilità. In più, l'auto induce depersonalizzazione, crea illusioni di potenza e robustezza, espande l'area del proprio corpo.

Non solo correre in macchina è una condizione critica: sembra che anche i podisti non professionisti, da quelli che fanno jogging per tenersi in forma fino ai partecipanti alle grandi maratone, reagiscano piuttosto male alle piccole contrarietà, come un ostacolo imprevisto o un urto involontario. Nelle gare di corsa non competitive non si sono osservate delle aggressioni frequenti, ma una gran quantità di parolacce e di esclamazioni non esattamente eleganti! Negli sport competitivi di squadra invece, si somma l'effetto dell'attivazione con regole di gruppo meno severe che tollerano le reazioni brusche, e con le provocazioni di avversari e spettatori. Gli attacchi anche verbali verso l'arbitro o altri rappresentanti dell'autorità sportiva sono considerati gravissimi e forse per questo motivo sono rari fra i giocatori, ma non sono affatto rari fra gli spettatori tifosi. L'insulto colorito all'arbitro, alla sua mamma e alla sua signora, è addirittura proverbiale.

Altri perché della rabbia fra gli sportivi

Mentre ormai è fuor di dubbio che una costante e moderata attività fisica sia di beneficio alla salute e al tono dell'umore, l'attività agonistica, in particolare l'agonismo professionale nel calcio, può facilmente avere delle conseguenze pericolose. Come abbiamo già visto in altri casi, anche nel mondo dello sport la rabbia assolve a diverse funzioni. Che cosa significa? Per esempio, che in molte situazioni chi si arrabbia ottiene l'approvazione del gruppo e un aumento del suo status. Inoltre, attraverso il rispetto delle regole del gruppo si costruisce o si aumenta la propria autostima. Vediamo qualche esempio.

Luca entra in classe e lascia cadere il suo zaino quasi sui piedi di Luigi, un ragazzo nuovo che casualmente gli è vicino, il quale prende lo zaino e lo sposta più in là. Luca gli lancia uno sguardo feroce e gli sibila: «Non toccare le mie cose o ti spacco la faccia». Luigi arrossisce, rimette lo zaino vicino al suo proprietario e si allontana, mentre altri due compagni di Luca lo guardano con aria disgustata. Luca si è veramente arrabbiato, perché è abituato a essere temuto e riverito; la sua reazione irosa continua a guadagnargli rispetto, paura e ammirazione a scuola.

Questo possiamo chiamarlo un vantaggio interpersonale, perché mostrandosi intrattabili in un ambiente di persone note, ci si costruisce un personaggio da duro, che può essere associato o dare adito a una forma di leadership. Vediamo ora il caso di chi arrabbiandosi ottiene dei vantaggi intrapersonali, anche se imprevisti o paradossali.

Marina vorrebbe avere il coraggio di uscire da sola la sera, per andare al cinema o anche solo a trovare gli amici. Ha però sentito di alcuni scippi nel quartiere e talvolta quando torna a casa dopo mezzanotte si trova a essere l'unica persona in strada. Una sera mentre sta per aprire il portone, si apre la finestra al mezzanino e si sporge Elisa, una coinquilina pettegola e bigotta, che le fa: «È lei signora Marina? non ci posso credere! ma è da sola? mi sono spaventata, ma che è pazza a uscire da sola? è andata da sua madre? sta male?». Marina tenta di calmarla e di rassicurarla, ma Elisa continua e allora Marina improvvisamente si infuria e la pianta in asso senza neppure risponderle. Da quella sera sente di non avere più paura, o perlomeno molto meno ansie di prima. Avere sentito qualcuno che lei non stima ingigantire dei rischi statisticamente bassi e soprattutto approfittare della situazione per farle la predica, l'ha fatta arrabbiare. Dalla rabbia le è venuta dapprima l'energia per reagire senza condiscendere e poi una maggiore fiducia nel suo coraggio.

È chiaro che quanto più il gesto o l'evento sono ambigui, cioè possono assumere significati diversi a seconda del contesto, del momento, della persona ecc., tanto più grande è il rischio di scambiare l'attivazione dovuta all'esercizio fisico con l'attivazione dovuta alla rabbia. A pensarci bene, molti gesti e molte parole in una giornata normale possono essere interpretati in modo diverso. Cosa pensare se la persona alla quale ho rivolto un banale buon giorno non mi risponde: è offesa con me, vuole offendermi, oppure semplicemente non ha sentito? E se Marco esce e la porta sbatte dietro di lui? Solo il contesto può dirmi se si tratta di un colpo di vento o di un'uscita di scena tempestosa. Questo è particolarmente vero per i gesti, le frasi scherzose. Due dita infilate fra le costole o un pugno sulla spalla sono uno scherzo o un'aggressione? Apostrofare qualcuno «testone» o «pirla» o «mona» (a seconda della latitudine) può non significare niente più di una bonaria presa in giro fra amici, subito ricambiata nello stesso spirito. Ma questi sono gli stessi termini ingiuriosi che, detti in tono alterato guardandosi torvamente negli occhi, possono scatenare una vera lite. Noi siamo così abituati a percepire ogni elemento insieme alla sua cornice, che non ci rendiamo sempre conto di quanto ogni singolo pezzetto di realtà sia da solo profondamente ambiguo. Lo stesso si può dire delle reazioni che, se spontanee, si adeguano allo stile dell'ambiente – se tutti le prendono a ridere ognuno sarà indotto a fare così, mentre se c'è un'attenzione e una valutazione più severa, scatta il sentimento dell'offesa, della dignità ferita, della necessità di lavare l'onta (magari col sangue!).

Esperimenti e considerazioni di questo tipo confermano l'interazione esistente fra circostanze esterne, attivazione fisica e reazioni emotive.

Le persone che si trovano in una fase di tensione e di attivazione per cause non emotive, come ad esempio dopo un esercizio fisico o un'attività sportiva, possono erroneamente decodificare i messaggi che provengono dal proprio corpo come segnali di rabbia. Si veda questo esempio.

Gigi è tornato allo spogliatoio dopo la sua ora di corsa. Mentre ancora rosso e ansimante sta togliendosi i pantaloni della tuta ed è in una posizione un po' instabile, entrano di corsa due ragazzi che lo spingono involontariamente e gli fanno quasi perdere l'equilibrio. Gigi si sente urlare quasi senza saperlo: «Ma pezzi di merda, guardate dove andate!». Ma poi ci resta malissimo, perché sono dei ragazzi beneducati, uno è anche il figlio di un amico. E anche lui, Gigi, è un uomo gentile e non avrebbe mai voluto gridare delle parolacce per una sciocchezza simile.

Lo stesso può accadere a chi si trovi a vivere stati emotivi diversi dalla rabbia, come la paura, l'eccitazione sessuale o la fretta (non è affatto raro vivere contemporaneamente emozioni diverse o addirittura contrastanti, come l'odio e l'amore di un amante geloso).

Antonia torna a casa, cerca le chiavi nella borsa ma non le trova. «Saranno rimaste in ufficio, speriamo», dice fra sé. Scontenta e un po' turbata suona il campanello: sua figlia Patrizia dovrebbe essere già a casa da scuola. Passa un minuto buono e nessuno apre. Sempre più agitata suona ancora e quasi subito Patrizia spalanca la porta e sta per parlare sorridendo alla madre. Ma Antonia la precede con un tono assai aspro: «Ma quanto ci hai messo ad aprire!».

Durante l'adolescenza ci si arrabbia di più e più spesso, per varie ragioni e con vari esiti. Soprattutto gli adolescenti che praticano regolarmente uno sport tendono a considerare adeguate, anzi consigliabili le reazioni di rabbia impulsiva e non modulata. Per l'adolescente sportivo arrabbiarsi ha una funzione specifica: perché mostrarsi energico e forte serve a farsi rispettare dai coetanei e ad accrescere il proprio prestigio. Di fatto, davanti a una provocazione, l'adolescente maschio e sportivo si comporta come un apprendista del ruolo del vero uomo, secondo un modello ancora oggi niente affatto scomparso. Non gli sembra che vi sia possibilità di scelta fra reazioni miti e rispettabili e reazioni non miti, ma ugualmente rispettabili: chi non reagisce con irruenza o rabbia rischia di passare per fifone e di perdere la faccia.

Per quanto possa sembrare strano a prima vista, l'aggressività e i comportamenti violenti o scorretti sembrano aumentare con l'età. Inoltre, più aumenta l'esperienza e il tempo che si dedica allo sport – si parla soprattutto di calcio – più si deteriorano le relazioni fra i giocatori stessi e con l'arbitro. Sono due le possibili spiegazioni per questo fenomeno, che sembra contrario al fatto che, passando dall'infanzia all'adolescenza, aumenta la capacità di controllare le emozioni, rabbia compresa. Si può dire che i giocatori più grandi sono quelli che sono diventati professionisti, o quasi, per cui sono più motivati a vincere, danno più peso alle frustrazioni e quindi le loro reazioni sono e sembrano proporzionate alla gravità dell'offesa o dell'ingiustizia subita. Ma si può dire anche che le regole dell'ambiente che tollerano e talvolta incoraggiano reazioni violente, diventano sempre più interiorizzate secondo il modello dell'apprendimento sociale, perché vengono influenzate da subculture che incoraggiano le reazioni violente.

In altre parole, la spiegazione del fenomeno potrebbe dipendere da un progressivo abbassamento del livello del giudizio morale, causato dalla costante pratica sportiva. È un fatto spiacevole da mandare giù, ma è frutto di ricerche sperimentali perfettamente coerenti con quanto detto finora.

Ci sono moltissime altre interessanti ricerche sul quando e sul perché della rabbia sportiva. Ad esempio si è visto che gli insulti e le liti aumentano dall'inizio alla fine della stagione sportiva; che chi considera inevitabile una certa quantità di aggressività è più sgarbato e violento; che i giocatori temono di giocare in casa, nonostante quello che si pensa comunemente, perché temono che i loro fan delusi possano insultarli o aggredirli.

C'è una questione che resta aperta: nello sport come nei giochi di carte o da tavolo, le regole sono artificiali e si possono promulgare e fare rispettare in modo più netto e autoritario che nelle situazioni della vita meno formalizzate. Per esempio, il tempo di gara o gioco è rigidamente stabilito in quasi tutti gli sport, come anche nelle competizioni agonistiche di scacchi e di bridge. Allora, se tutti dicono di esecrare le intemperanze e gli scoppi di rabbia o di violenza, come mai non si prendono delle misure, come le penalizzazioni e le squalifiche, per ricondurre giocatori e tifosi a un comportamento più sereno, per non dire più elegante? Perché del famoso *fair play* sportivo si sta perdendo anche il ricordo?

Abbiamo visto che, consapevolmente, noi deploriamo le esplosioni di rabbia negli altri – perché ci spaventano – e in noi stessi, perché temiamo di fare senza volere delle cose che non vogliamo fare (e di cui poi ci pentiremmo) o di non riuscire a fare le cose che invece vorremmo fare. Di fatto però bisogna fare i conti con l'esperienza che ci insegna inconsapevolmente a ripetere le azioni che ci sono utili. Per alcuni individui e in alcune situazioni dai risultati ottenuti non deriva un vero interesse a controllare la rabbia o le manifestazioni di tensioni ostili, perché arrabbiarsi paga, mentre essere concilianti o razionali espone al disprezzo e agli insulti, se non peggio. Questo genere di messaggio viene spesso trasmesso nei fatti dagli ambienti sportivi, anche se nella tradizione e a parole la violenza è quanto di più estraneo ci sia allo spirito originario delle competizioni sportive. Ma la storia e la cronaca ci mostrano che l'ira abita i quartieri dello sport e non viene sufficientemente penalizzata né da parte degli individui cosiddetti sportivi, né da parte degli organizzatori. Anzi, gli organizzatori sanno che la permissività viene vista di buon occhio dalle tifoserie, che cercano proprio l'occasione di un incontro fra squadre per farlo diventare uno scontro fra gruppi o bande.

In definitiva, qual è il meccanismo principale che innesca la miccia di una tensione già elevata e diffusa? Secondo molti studiosi, le regole del gioco sportivo e il senso di giustizia sono paradossalmente alla base delle prime esplosioni di collera. Sì, perché ogni volta che si ha l'impressione che l'avversario o peggio l'arbitro abbia violato le regole ci si sente in diritto di reagire per ristabilire l'equità. E, come sappiamo, se si pensa di essere stati danneggiati e provocati, l'ira e la reazione sono sentite come giustificate e giuste. La stessa cosa sente e pensa l'altro contendente, al quale difficilmente una reazione sembrerà proporzionata e assolutamente equa, quindi reagirà a sua volta per raddrizzare la bilancia. Questa dinamica, ad esempio, ha causato uno scontro famoso seguito alla partita fra Argentina e Perù. Come andarono le cose? Nel modo più tipico. Verso la fine della partita l'arbitro annullò il goal che aveva portato il

Perù in pareggio facendo così infuriare i tifosi peruviani che invasero il campo scatenando così delle violenze a catena. Alla fine sul campo si contarono più di trecento morti. All'inizio del pomeriggio era un campo di gioco, alla fine era un campo di battaglia.

Ricordiamo la storia degli Orazi e dei Curiazi, i quali combattendo tre contro tre dovevano sostituire e quindi impedire il reale scontro fra i loro popoli. Se, come si dice talvolta, il confronto sportivo simbolizza e sostituisce le guerre, non c'è molto da stupirsi quando ne vediamo la somiglianza. Ancora più sconvolgente è sapere – come molti studi e molte esperienze dimostrano – che come si fa la guerra sui campi da gioco, anche chi fa la guerra gioca e a suo modo si diverte.

7. *Strumenti e rimedi*

> Maggior ira non si può fare a colui che dice villania come a mostrare di non curarsi.
>
> *Fiore di virtù*

In questo capitolo conclusivo si farà cenno a due argomenti distinti: le misure psicologiche della rabbia e le strategie utilizzabili per modificare la frequenza, l'intensità e le modalità delle reazioni di rabbia.

Un'avvertenza necessaria: sia per la valutazione che per l'eventuale intervento è necessario rivolgersi a una figura professionale che operi nell'ambito delle scienze psicologiche. Qui si troveranno solo delle informazioni orientative.

Strumenti per valutare la rabbia individuale

Sono abbastanza numerosi gli strumenti psicologici messi a punto per misurare l'intensità, la frequenza e il tipo prevalente di arrabbiatura di una singola persona. Nella quasi totalità dei casi si tratta di questionari basati sull'introspezione e sulle autovalutazioni, e ciò li rende poco adatti a essere usati nel mondo del lavoro. Infatti questi test sono piuttosto trasparenti nei loro scopi, e sono validi solo se le persone rispondono sinceramente a tutte le domande senza nascondere nulla di proposito. Pur con questi limiti, alcuni di essi sono dei buoni strumenti di valutazione della rabbia e servono agli psicologi per migliorare la competenza emotiva e la salute mentale di chi si rivolge a loro.

Fra i test adattati per l'Italia, uno molto noto e usato è lo

State-Trait Anger Expression Inventory (Staxi), ovvero Questionario sull'espressione della rabbia come stato e come tratto, che è stato messo a punto da Charles D. Spielberger nel 1988. Consta di un questionario diviso in tre parti:

1) come mi sento in questo momento (esempi: furioso, scocciato, arrabbiato); le risposte sono date su una scala a quattro punti, da «per niente» a «veramente molto»;

2) come mi sento generalmente (esempi: mi arrabbio facilmente, perdo le staffe, sono furioso quando ho fatto un buon lavoro e ho una valutazione scarsa); le riposte si danno su una scala a quattro punti, da «quasi mai» a «quasi sempre»;

3) come si reagisce (esempi: tengo il broncio e sono di malumore, controllo il mio comportamento, dentro di me sono piuttosto critico verso gli altri); le risposte vanno da «quasi mai» a «quasi sempre».

Si tratta di uno strumento di misura abbastanza attendibile, il cui primo scopo è differenziare le reazioni aggressive che si possono considerare come dei *tratti tendenzialmente stabili* di un individuo, da quelle che invece sono più legate alle circostanze attuali. Questo test dovrebbe inoltre indicare se una persona è più incline a manifestare immediatamente e direttamente la rabbia, o piuttosto cercare di reprimerla o di controllarla. Questi due opposti atteggiamenti sono indicati comunemente come *anger-out* (rabbia fuori) e *anger-in* (rabbia dentro).

Un altro questionario che indaga su quest'ultimo punto è il *Multidimensional Anger Inventory*, ovvero Questionario multidimensionale sulla rabbia, ideato nel 1986 da M.J. Siegel. Esso è composto da 38 affermazioni di tipo autodescrittivo, alle quali si risponde usando una scala a 5 punti da «non mi riguarda per nulla» a «mi riguarda completamente». Il questionario è stato creato per misurare le dimensioni della rabbia che, sulla base di ricerche empiriche, sono più rilevanti per l'ipertensione e le malattie coronariche. Queste dimensioni sono: l'atteggiamento ostile, cioè la tendenza a vedere gli altri come fonte di provocazione e, come nello Staxi, l'*anger-out* e l'*anger-in* che in questo caso misurano specificamente la tendenza a rimuginare. Queste sono alcune delle affermazioni contenute nella scala della Siegel: «mi arrabbio quando la gente è sleale»; «mi arrabbio quando faccio qualcosa di stupido»; «è facile farmi arrabbiare»; «la gente parla di me alle mie spalle».

In Italia un gruppo di psicologi coordinati da Gian Vittorio Caprara ha formulato il test I-R (irritazione-ruminazione) finalizzato specialmente a indagare le modalità di esperire la rabbia. Ecco alcune affermazioni tratte dal questionario, alle quali bisogna rispondere esprimendo il proprio grado di adesione su una scala a 7 punti, da «completamente vero» a «completamente falso».

– Non riesco a fare a meno di essere polemico con le persone che non mi piacciono.
– Non credo di essere una persona molto tollerante.
– Mi capita di mangiarmi le unghie.
– Mi piace la gente spensierata.

Lo scopo principale del test è valutare sia la qualità della reazione emotiva, sia il tipo di comportamento che ogni persona attribuisce a se stessa. Sono infatti prese in considerazione dimensioni assai rilevanti, come la propensione all'irritabilità, la tendenza alla ruminazione, nonché il tipo di reazioni aggressive.

Uno strumento molto interessante, meno usato di una volta, forse perché la valutazione delle risposte richiede tempo e abilità, è quello di Saul Rosenzweig. Questo test non si basa sull'introspezione, come i precedenti, ma si fonda sul meccanismo dell'*identificazione* e della *proiezione* dei propri sentimenti su personaggi di scene a fumetti. Le situazioni presentate sono numerose ed evocano circostanze frustranti o comunque spiacevoli. La persona che si sottopone al test deve completare la vignetta inserendo la battuta mancante. Quale esempio del materiale si veda la figura 2, dove è rappresentata una situazione analoga a quelle che compongono il test di Rosenzweig.

FIG. 2. Una vignetta analoga a quelle del test di Rosenzweig.

Le reazioni alle situazioni sono tipicamente reazioni di rabbia, anche se, secondo il suo autore, le inferenze che vengono tratte sono messe in relazione all'aggressività. Il test di Rosenzweig permette di definire diversi tipi di rabbia, la forza dell'irritabilità o irascibilità di ciascun individuo, e soprattutto di prevedere se l'aggressività si scaricherà di preferenza verso l'esterno o verso se stessi. Analizzando nel loro insieme le frasi inserite, si possono quindi descrivere diversi tipi di personalità, e in particolare definire il *tipo di aggressività*, che può essere: *a)* rivolta in prevalenza verso gli altri; *b)* rivolta in prevalenza verso se stessi; *c)* in prevalenza negata.

Di recente, presso la George Mason University in Virginia, June P. Tangney insieme con i suoi collaboratori ha messo a punto un altro strumento molto valido e articolato. Si chiama *Anger Response Inventory* (Ari), che possiamo approssimativamente tradurre come Questionario sulle reazioni di rabbia. In realtà, si tratta non di uno, ma di tre test costruiti seguendo la stessa logica teorica e metodologica: uno per bambine e bambini dai 7 ai 12 anni circa, uno per adolescenti dai 13 ai 19 anni e uno per le persone adulte.

Le misure più importanti che si ricavano da ciascuno dei test sono tre: l'inclinazione ad arrabbiarsi; il modo caratteristico con il quale ciascun individuo reagisce quando è arrabbiato; la percezione che si ha delle probabili conseguenze delle proprie reazioni.

Dall'analisi di tutte le risposte si possono poi ricostruire altre caratteristiche delle arrabbiature, e in particolare le intenzioni e le reazioni cognitive e comportamentali. In base alla teoria di June Tagney e del suo gruppo, le intenzioni sono state classificate come *costruttive* (esempio: desiderio di aggiustare la situazione), *malevole* (esempio: desiderio di danneggiare l'altro o di vendicarsi) ed *evasive* (esempio: lasciare perdere).

Per quanto riguarda le reazioni, esse sono classificate in *adattive*, *non adattive*, *evasive* e di *rivalutazione cognitiva*.

Le risposte adattive comprendono le discussioni pacifiche con chi ha causato l'incidente e le azioni direttamente finalizzate a raddrizzare la situazione.

Le risposte non adattive si suddividono a loro volta in 5 categorie:

- attaccare direttamente il provocatore sul piano fisico (colpire con pugni o calci, sputare, lanciare degli oggetti), sul piano verbale (gridare, insultare, bestemmiare) e sul piano simbolico (esempio: sbattere la porta, agitare il pugno, fare il gesto dell'ombrello);
- attaccare indirettamente (criticare e sparlare, danneggiare oggetti del provocatore, rifiutarsi di avere contatti con il provocatore);
- attaccare in modo sostitutivo persone, animali o cose non implicati (dare calci alla tavola, al cane, sgridare i bambini);

- attaccare se stessi (dare solo a se stessi la colpa dell'accaduto, sentirsi in colpa per la propria rabbia);
- ruminare e rimuginare la rabbia per lungo tempo.

Le risposte evasive sono:

– tentare di far sbollire la rabbia con attività distraenti;
– minimizzare l'importanza dell'incidente;
– allontanarsi dal campo;
– non fare assolutamente niente.

Le rivalutazioni cognitive comprendono:

– reinterpretare le ragioni o le azioni del provocatore («lo ha fatto per sbaglio», «in realtà voleva rendersi utile»);
– reinterpretare il proprio ruolo nella situazione («è stata in gran parte colpa mia», «avrei dovuto essere più discreta»).

Ogni test comprende una ventina di situazioni, che vengono descritte e illustrate con una vignetta nella versione per bambini o semplicemente descritte a parole per gli adolescenti e per gli adulti. Queste situazioni sono state ricavate da un gran numero di studi sugli antecedenti della rabbia nelle diverse età e circostanze, e rappresentano un buon campione degli eventi irritanti che possono capitare a tutti nella vita quotidiana. Alla descrizione dell'episodio segue una serie di domande. Si parte con la descrizione di una situazione che generalmente suscita irritazione, frustrazione o rabbia nel gruppo di età al quale appartiene la persona che risponde al questionario. A ogni domanda, le risposte vengono date su una scala a 5 punti, che è ovviamente compatibile col tenore delle domande.

Purtroppo i tre questionari Ari non sono ancora stati adattati e standardizzati per l'Italia. Immagino che al lettore piacerebbe trovare qui un questionario completo, per poter confrontare le sue reazioni di rabbia con quelle della media, e conoscere anche quali sono le caratteristiche salienti delle sue arrabbiature. Ma, come si diceva all'inizio, non è possibile sottoporsi da soli ai veri test psicologici, che devono essere presentati e interpretati dagli specialisti. Quelli che si trovano sui giornali non sono test, ma giochi di società. Lo schema riportato potrebbe però servire come guida per un'autoanalisi.

Strategie per arrabbiarsi meglio

Quali sono i problemi più comuni di chi soffre a causa della rabbia?

Ci sono almeno tre casi tipici:

1) c'è chi non vorrebbe arrabbiarsi per non danneggiare i propri rapporti personali;

2) c'è chi non vorrebbe arrabbiarsi o quanto meno arrabbiarsi poco, perché quando si arrabbia sta male;

3) c'è chi vorrebbe arrabbiarsi meglio, cioè usare la propria energia per agire sulla realtà in modo adeguato ed efficace (azioni efficaci).

Succede anche il contrario; ci sono alcuni che vorrebbero esprimere più compiutamente le proprie furie, per ottenere giustizia, per farsi valere, per farsi temere. Quest'ultima evenienza viene già affrontata, seppure in modo marginale, nell'ambito dei corsi per sviluppare l'*assertività* che si sono aperti anche in Italia, sull'esempio di altri paesi. L'assertività sarebbe infatti la capacità di affermare adeguatamente i propri diritti, di non farsi intimidire e trovare il modo migliore per trattare le persone.

Sappiamo che ciascuna cultura, così come ha elaborato una sua visione della rabbia, ha formulato delle modalità tipiche di intervento, una farmacopea e una saggezza tradizionale per ridurne gli effetti indesiderati. Nelle culture orientali è dominante una visione dell'uomo che potremmo definire *somatopsichica*, nella quale lo stato del corpo influenza direttamente lo stato dell'animo. L'approccio alle rabbie moleste passa quindi attraverso esercizi di rilassamento, educazione del respiro, varie pratiche di movimenti e di meditazione. Tali complesse visioni della mente e dell'emotività sono da tempo arrivate anche in Occidente e si sono frammentate in mille rivoli. È questo un campo nel quale io non sono competente, ma che mi sembra abbastanza rappresentato in Italia da scritti, da pubblicazioni e da diversi tipi di gruppi, che immagino siano più o meno fedeli allo spirito originale.

Molto meno noto è invece l'approccio di stampo cognitivo al problema della rabbia disturbante o cronica, che deriva direttamente da una costola della psicologia clinica sperimentale. Questo metodo si basa sul principio che il comportamento di una persona è determinato essenzialmente dai suoi pensieri, e in particolare dal suo modo di interpretare la realtà circostante. Aaron Beck, il fondatore di questo indirizzo terapeutico, ha iniziato con l'applicarlo con successo alle persone che soffrivano di depressione, ma in seguito esso si è dimostrato efficace anche nei casi di altri comportamenti emotivi disfunzionali. Il terapeuta di stampo cognitivo assume un ruolo attivo, il suo intervento è mirato a risolvere un problema abbastanza definito e, in genere, la terapia non dura più di qualche mese. Nel caso della rabbia vissuta come sintomo, il terapeuta insieme con il paziente cercherà di acquisire una conoscenza approfondita delle circostanze che suscitano la rabbia, dei vissuti che si vorrebbero modificare, dei comportamenti che si considerano sbagliati.

Fermo restando ciò che si diceva sulla difficoltà di modificare da soli le proprie reazioni emotive, vediamo come si può cercare empiricamente di migliorare la propria competenza emotiva riguardo alle arrabbiature. È certamente utile cominciare col definire quello che si vorrebbe cambiare di noi stessi. Si potrebbe, ad esempio, affrontare la questione su base statistica, e iniziare quindi a tenere per almeno due-tre settimane un diario della rabbia, scrivendovi a ore fisse, più volte al giorno, un resoconto molto sintetico delle proprie arrabbiature più recenti.

Trascorso il tempo stabilito, si inizia a classificare le arrabbiature, contando quante volte hanno luogo nello stesso posto, con le stesse persone e per gli stessi motivi. Quasi certamente le arrabbiature che si vorrebbero eliminare non sono quelle accidentali e sporadiche, ma quelle che scoppiano con le persone con cui si vive e si lavora, quasi sempre con persone alle quali siamo legate da vincoli affettivi. E naturalmente sono proprio questi i casi critici, perché arrabbiandoci rischiamo di danneggiare relazioni importanti o comunque frequenti. Quando le cose stanno così, non è certo facile diradare di molto le occasioni di incontro con queste persone: bisogna quindi cercare di intervenire sulle circostanze, soprattutto sulle nostre aspettative e sul significato che diamo ai comportamenti altrui.

Anche per il filosofo Seneca, l'ira è l'esito di un errore di fondo del nostro modo di ragionare. A suo giudizio, a farci arrabbiare sono le aspettative pericolosamente ottimistiche nei confronti del nostro prossimo oltre a una certa forma di egocentrismo, che ci fa credere di essere destinatari degli eventi spiacevoli che si verificano. Ad esempio, se qualcuno sbatte una porta nel cuore della notte e noi ci svegliamo di soprassalto, ci arrabbiamo se viviamo quel disturbo come se fosse diretto contro di noi, come una mancanza di delicatezza nei nostri riguardi. Analogamente, la rabbia ci travolge non ogni volta che siamo privi di un oggetto o di un piacere desiderato, ma quando questo ci viene negato mentre crediamo di averne diritto; per esempio, non arriva un pacco che abbiamo già pagato e allora ci arrabbiamo perché pensiamo che le spedizioni debbano funzionare. In realtà viviamo in un mondo dove premendo un pulsante il fuoco si accende, il cibo si cuoce, le porte si aprono e così via. Se qualcosa non funziona ci sentiamo crudelmente defraudati e in diritto di protestare.

Ancora Seneca osservava che la propensione all'ira era particolarmente alta fra i privilegiati del suo tempo, anche se avevano meno frustrazioni dei poveri e degli schiavi. Nelle sue massime egli tenta di ridimensionare la scala delle aspettative umane: «Quando la cena viene servita con ritardo, che bisogno c'è di rovesciare le mense? di sbattere per terra i bicchieri? che cosa c'è di strano se i cattivi compiono cattive azioni, se un amico offende, se un figlio si comporta male, se un servo pecca?». Riguardo poi al contegno da tenere con le persone arrabbiate, una terzina di Cecco d'Ascoli anticipa e sintetizza i risultati di decine e decine di ricerche sperimentali: «L'irato si mitiga per tre cose / o dolce rispondendo, o col tacere, / o col partirsi fin che l'ira pose».

Sappiamo poi che c'è una miriade di consigli spiccioli. Non tutti i classici francamente sono convincenti: ad esempio, secondo Pietro Ispano «il vino giova al flemmatico, il torre sangue al sanguineo, il bagno al collerico», mentre per Gerolamo Savonarola «il rubarbaro purga ed evacua la collera». Invece ottimo, e fondato su fior di ricerche, è il proverbiale «canta che ti passa»; infatti la musica, scelta con sapienza, è molto efficace a indurre specifici stati emotivi. Non a caso, ci sono marce funebri, marce nuziali e marce guerresche, mentre i tempi delle sinfonie hanno nomi come *andante con brio* e *allegretto.*

Ecco altri consigli di semplice buon senso, ma non inutili:

• se è possibile, o appena possibile, allontanarsi fisicamente dalla persona e dal luogo dove ci siamo arrabbiati;

• iniziare, o riprendere, le attività che di solito ci occupano la mente e/o le mani, specialmente se impegnano la nostra attenzione e richiedono uno sforzo mentale;

• procurarsi gratificazioni sicure e immediate. Per essere pronti alla bisogna, approntare un elenco di ciò che costituisce per noi un piacere: giocare a carte, uscire a fare compere, cucinare, leggere un autore che amiamo, andare al cinema, ecc.;

• parlare di ciò che ci ha fatto arrabbiare con persone a cui vogliamo bene, che non ci aizzano, ma prendono le nostre parti senza drammatizzare. Ottimo interlocutore è chi ha senso dell'umorismo, chi sa farci vedere l'aspetto esagerato o ridicolo delle nostre rabbie;

• mettere su carta quello che pensiamo e sentiamo, elencando le nostre ragioni; provare poi a immaginare cosa scriverebbe, cioè come descriverebbe la situazione, la nostra controparte;

• scrivere una lettera a chi ci ha fatto arrabbiare, anche se non sempre è una buona mossa mandarla. Se lo si fa, si può chiedere di avere una risposta scritta. In ogni caso, non usare la posta elettronica: è dimostrato che si tratta di un mezzo troppo immediato, che rende più difficile rileggere criticamente e modificare quello che si scrive;

• non arrabbiarsi ancora di più quando gli altri ci dicono: «non ti arrabbiare!». Come si è già detto, questa è una frase spontanea e talvolta irrefrenabile. Quindi, se da una parte è difficile accogliere la preghiera, almeno si può provare a non replicare con un'altra frase tipo: «ma io non sono arrabbiato!».

Personalmente, trovo confortante questo pensiero: «nessuno può farmi arrabbiare se io non lo consento e se io non lo consento...».

Per saperne di più

Per una storia culturale delle passioni c'è un bel capitolo di Mario Vegetti intitolato *Passioni antiche: l'uomo collerico*, nel volume *Storia delle passioni*, curato da Silvia Vegetti Finzi, Roma-Bari, Laterza, 1995. Da non perdere di Lucio Anneo Seneca, *L'ira*, nell'edizione con testo latino a fronte, Milano, Rizzoli, 1998.

Per una conoscenza generale dei processi emotivi si può consultare *Le emozioni* di Nico Frijda, Bologna, Il Mulino, 1990 e *Introduzione alla psicologia delle emozioni* di V. D'Urso e R. Trentin, Roma-Bari, Laterza, 1998. Una ricca raccolta di saggi sull'aggressività si trova nel volume a cura di G.V. Caprara e P. Renzi, *L'aggressività umana: studi e ricerche*, Roma, Bulzoni, 1985.

La prospettiva etologica sull'aggressività è ben illustrata in K. Lorenz, *L'aggressività*, Milano, Il Saggiatore, 1994 e in I. Eibl-Eibesfeldt, *Etologia della guerra*, Torino, Boringhieri, 1983.

Un'interessante analisi delle parole emozionali, come metodo per ricostruire i percorsi psicologici delle emozioni umane, si può leggere in italiano nell'articolo di K. Oatley e P.N. Johnson-Laird, *Il significato delle emozioni: una teoria cognitiva e un'analisi semantica*, in *Psicologia delle emozioni*, a cura di V. D'Urso e R. Trentin, Bologna, Il Mulino, 1993. Consiglio anche il libro di R. Harré, *La costruzione sociale delle emozioni*, Milano, Giuffrè, 1992, che presenta questa impostazione sia teoricamente, sia attraverso delle ricerche puntuali.

Per chi volesse approfondire l'aspetto neurologico dei processi emotivi è oggi disponibile la traduzione del volume aggiornato e appassionante di J. LeDoux, *Il cervello emotivo*, Milano, Baldini e Castoldi, 1998. Riguardo al rapporto fra rabbia e salute è da segnalare la ricerca di P.E. Ricci Bitti e P. Gramigni condotta per conto del Comitato regionale dell'Asslit della regione Emilia Romagna nel 1997.

Il punto di vista femminista sulla rabbia è presentato in modo assai vivace da H. Lerner, *La danza della rabbia*, Milano, Corbaccio, 1996.

Le citazioni giornalistiche del capitolo 2 sono tratte da *La nostra età del risentimento*, di Alberto Arbasino, in «la Repubblica», 12 ottobre 2000 e da *Note un po' risentite sul risentimento* di Raffaele La Capria, in «Nuovi Argomenti», 1999, n. 8, pp. 276-300.

Per chi legge l'inglese bello e ancora attuale il libro di J.R. Averill, *Anger and Aggression: An Essay on Emotion*, New York, Springer Verlag, 1982.

Finito di stampare nel mese di aprile 2005
dalla litosei, via rossini 10, rastignano, bologna
www.litosei.com

farsi un'**idea**

Europa

L'Unione europea, *di Piero S. Graglia*
L'allargamento dell'Unione europea, *di Enrico Letta*
L'Europa a venticinque, *di Enrico Letta*
Il Parlamento europeo, *di Luciano Bardi e Piero Ignazi*
Il mercato unico europeo, *di Roberto Santaniello*
L'euro, *di Lorenzo Bini Smaghi*
La Banca centrale europea, *di Francesco Papadia e Carlo Santini*

Politica e istituzioni

Lo stato e la politica, *di Paolo Pombeni*
Lo Stato di diritto, *di RobertoBin*
Il federalismo, *di Sofia Ventura*
Il governo delle democrazie, *di Augusto Barbera e Carlo Fusaro*
La classe politica, *di Gianfranco Pasquino*
I partiti italiani, *di Piero Ignazi*
La Costituzione, *di Valerio Onida*
Il presidente della Repubblica, *di Carlo Fusaro*
Il governo della Repubblica, *di Piero Calandra*
La Corte costituzionale, *di Alfonso Celotto*
La legge finanziaria, *di Luca Verzichelli*
La pubblica amministrazione, *di Marco Cammelli*
Le Regioni, *di Raffaele Bifulco*
Il governo locale, *di Luciano Vandelli*
La burocrazia, *di Guido Melis*
La giustizia in Italia, *di Carlo Guarnieri*
La giustizia amministrativa, *di Guido Corso*
La giustizia penale internazionale, *di Salvatore Zappalà*
La Nato, *di Marco Clementi*

Economia

L'economia italiana, *di L. Federico Signorini e Ignazio Visco*
Il debito pubblico, *di Ignazio Musu*
Concorrenza e antitrust, *di Alberto Pera*
Le autorità indipendenti, *di Fabio Merusi e Michele Passaro*
La moneta, *di Andrea Terzi*
La banca, *di Giuseppe Marotta*
Le assicurazioni, *di Giovanni Cucinotta e Laura Nieri*

La Borsa, *di Francesco Cesarini e Paolo Gualtieri*
I fondi pensione, *di Riccardo Cesari*
L'agricoltura in Italia, *di Roberto Fanfani*
L'industria italiana, *di Magda Bianco*
Il commercio in Italia, *di Luca Pellegrini*
Nonprofit, *di Gian Paolo Barbetta e Francesco Maggio*
Il made in Italy, *di Marco Fortis*
Il Fondo monetario internazionale, *di Giuseppe Schlitzer*
Il Wto, *di Antonio Parenti*
La new economy, *di Elena Vaciago e Giacomo Vaciago*
Globalizzazione e sviluppo, *di Federico Bonaglia e Andrea Goldstein*

Società

La popolazione del pianeta, *di Antonio Golini*
Gli immigrati in Italia, *di Asher Colombo e Giuseppe Sciortino*
Le nuove famiglie, *di Anna Laura Zanatta*
L'adozione, *di Luigi Fadiga*
La scuola in Italia, *di Marcello Dei*
L'università in Italia, *di Giliberto Capano*
Il rendimento scolastico, *di Giancarlo Gasperoni*
Occupati e disoccupati in Italia, *di Emilio Reyneri*
I new global, *di Donatella della Porta*
Gli scout, *di Mario Sica*
Il giornale, *di Paolo Murialdi*
La televisione, *di Enrico Menduni*
La pubblicità, *di Annamaria Testa*
I sondaggi, *di Mauro Barisione e Renato Mannheimer*
Droghe e tossicodipendenza, *di Simonetta Piccone Stella*
Storia dell'aborto, *di Giulia Galeotti*

Religione

L'induismo, *di Giorgio Renato Franci*
Il buddhismo, *di Giorgio Renato Franci*
Gli ebrei, *di Piero Stefani*
I musulmani, *di Paolo Branca*
Gli ortodossi, *di Enrico Morini*
La Bibbia, *di Piero Stefani*
Il Corano, *di Paolo Branca*
Il giubileo, *di Lucetta Scaraffia*
I preti, *di Marcello Offi*
Comunione e liberazione, *di Salvatore Abbruzzese*
New Age, *di Luigi Berzano*
Le sette, *di Enzo Pace*

Psicologia

La mente, *di Paolo Legrenzi*
Creatività e innovazione, *di Paolo Legrenzi*
Il linguaggio, *di Patrizia Tabossi*
La memoria, *di Anna Maria Longoni*
Decidere, *di Rino Rumiati*
Mentire, *di Luigi Anolli*
L'infanzia, *di Luigia Camaioni*
Il bambino va a scuola, *di Guido Petter*
Gli adolescenti, *di Augusto Palmonari*
Invecchiare, *di Renzo Scortegagna*
Attaccamento e amore, *di Grazia Attili*
La felicità, *di Paolo Legrenzi*
L'ottimismo, *di Luigi Anolli*
L'autostima, *di Maria Miceli*
La timidezza, *di Giovanna Axia*
La vergogna, *di Luigi Anolli*
Sentirsi in colpa, *di Paola Di Blasio e Roberta Vitali*
Arrabbiarsi, *di Valentina D'Urso*
La paura, *di Maria Rita Ciceri*
Stereotipi e pregiudizi, *di Bruno M. Mazzara*
Stare in gruppo, *di Giuseppina Speltini*
Il conformismo, *di Angelica Mucchi Faina*
Comunicazione e persuasione, *di Nicoletta Cavazza*
Le buone maniere, *di Valentina D'Urso*
Lo stress, *di Mario Farnè*
L'ansia, *di Mario Farnè*
Disturbi psicosomatici, *di Giancarlo Trombini e Franco Baldoni*
La depressione, *di Giovanni Jervis*
Anoressie e bulimie, *di Massimo Cuzzolaro*
Le difficoltà di apprendimento a scuola, *di Cesare Cornoldi*
Bambini disattenti e iperattivi, *di Gian Marco Marzocchi*
La dislessia, *di Giacomo Stella*

Scienza e ambiente

Lo sviluppo sostenibile, *di Alessandro Lanza*
Ricerca & Sviluppo, *di Giorgio Sirilli*
L'energia pulita, *di Pietro Menna*
Il cambiamento climatico, *di Alessandro Lanza*
Le biotecnologie, *di Marcello Buiatti*
La procreazione assistita, *di Carlo Flamigni*
I farmaci, *di Stefano Cagliano e Alessandro Liberati*